语言生活皮书

中国语言文字事业发展报告
(2018)

国家语言文字工作委员会　组编

2018年·北京

中国语言文字事业发展报告(2018)

总 顾 问	许嘉璐
顾 问	柳 斌 朱新均 李卫红
总 策 划	杜占元

编 委 会

审 订	陈章太 傅永和 李宇明 周庆生 姚喜双
主 编	田立新
副 主 编	娄 晶 刘 宏 王 刚
执行主编	周道娟 张日培
委 员	（按音序排列）

曹效业　陈群洲　陈　英　陈　友　程　凯　崔　拓　傅振邦
高长力　郭　熙　侯　敏　蒋志学　李　刚　梁金成　刘　烨
刘丹青　刘小明　柳　拯　任贤良　苏新春　孙若风　田联刚
王明黎　王　然　王晓峰　魏洪涛　文秋芳　吴尚之　徐黄生
杨义瑞　张世平　张文兵　赵国成　赵蓉晖　赵世举　赵小兵
周洪波　周　军　朱晓征

栏目主持	（按音序排列）

黄拾全　刘思静　栾印华　倪　兰　饶高琦　王宇波　徐欣路
张天伟

编写人员	（按音序排列）

陈　菲　陈　茜　池文汇　方　旭　富　丽　耿宏莉　郝　帅
贺宏志　姜彩霞　李　强　李云龙　林帅华　刘飞飞　刘可文
朴美仙　齐　影　卿学民　容　宏　苏新春　孙　璐　孙　朋
陶昱霖　田　静　庹迎香　王丹卉　王　卉　王嘉玉　王　磊
王　琳　王　敏　王　奇　王　琪　王学荣　王志娟　魏领红
徐　佳　徐星亮　薛　强　杨　涵　杨　静　杨万兵　杨雪冬
易　军　岳朋雪　张　艳　张琳娜　张鑫鑫　赵小兵　郑梦娟
朱伟萍

策 划	教育部语言文字应用管理司
执 行	国家语言文字政策研究中心　中国语言资源开发应用中心

"语言生活皮书"说明

"语言生活皮书"由国家语言文字工作委员会组织编写,旨在贯彻落实《国家通用语言文字法》,提倡"语言服务"理念,贯彻"大语言文字工作"发展新思路,为语言文字事业更好服务国家发展需求做贡献。

"语言生活皮书"系列由《中国语言文字事业发展报告》《中国语言生活状况报告》《中国语言政策研究报告》《世界语言生活状况报告》组成。

《中国语言生活状况报告》("绿皮书"),2004年筹编,2006年出版,是国家语委最早组编的语言生活皮书,目前还出版了相应的英文版、韩文版和日文版,并附带编纂了具有资政功能的《中国语言生活要况》。2016年,《中国语言文字政策研究发展报告》(后更名为《中国语言政策研究报告》,"蓝皮书")出版。2016年,《世界语言生活状况》和《世界语言生活报告》(后合并更名为《世界语言生活状况报告》,"黄皮书")出版。2017年,《中国语言文字事业发展报告》("白皮书")的出版,标志着国家语委的"白、绿、蓝、黄"皮书系列最终形成。

这些皮书各有侧重,相互配合,相得益彰。"绿皮书"主要反映我国语言生活中的重大事件、热点问题及各种调查报告和实态数据,为语言研究和语言决策提供参考和服务。它还是其他皮书的"底盘",在人才、资源、观念等方面为其他皮书提供支撑。"白皮书"主要宣传国家语言文字方针政策,以数据为支撑,记录、展示国家语言文字事业的发展成就。"蓝皮书"主要反映中国语言规划及相关学术研究的实际状况,并对该领域的研究进行评论和引导。"黄皮书"主要介绍世界各国和国际组织的语言生活状况,为我国的语言文字治理和语言政策研究提供参考借鉴,并努力对国际语言生活发出中国声音。

"语言生活皮书"是开放的,发布的内容不仅局限于工作层面,也吸纳社会优秀成果。许嘉璐先生为"语言生活绿皮书"题字。国家语委历任领导都很关心"语言生活皮书"的编辑出版工作。相关课题组为皮书做出了贡献,一些出版单位和社会人士也给予了支持与关心。在此特致谢忱!

国家语言文字工作委员会

编写说明

《中国语言文字事业发展报告》是记录、展示国家语言文字事业年度发展状况的语言生活白皮书，由国家语言文字工作委员会组编发布，旨在宣传党和国家的语言文字方针政策，介绍我国政府语言规划的理念、措施和成效，并有针对性地回答国内外对我国语言政策、语言生活的疑惑或疑问。

《中国语言文字事业发展报告》以"大语言文字工作观"为指导，以国家语言文字事业发展规划为主线，以各类统计数据为支撑，用数据和事实说话，全面反映各行各业在推广普及国家通用语言文字、促进语言文字规范化标准化信息化、保护建设语言资源、服务国家战略和社会生活、传承传播语言文化、治理社会语言生活等方面的状况。

《中国语言文字事业发展报告》（语言生活白皮书）与《中国语言生活状况报告》（语言生活绿皮书）、《中国语言政策研究报告》（语言生活蓝皮书）、《世界语言生活状况报告》（语言生活黄皮书）一起构成语言生活皮书系列。

国家语委各成员单位、与语言文字应用密切相关的有关部门和机构、教育部有关司局和语言文字应用研究所对本报告的编制给予了大力支持。国家语言文字政策研究中心、中国语言资源开发应用中心、中国语言文字规范标准研究中心、中国语情与社会发展研究中心、中国语言资源保护研究中心、国家语言能力发展研究中心、国家语言资源监测与研究教育教材中心、国家语言资源监测与研究少数民族语言中心等国家语委科研机构为本报告编制做出了重要贡献，有关出版单位和专家学者支持、关心本报告编制工作。谨致以由衷的感谢！

国家语言文字工作委员会

目　　录

前　言　我国的推广普通话政策 ··· 001

第一章　国家通用语言文字推广普及 ··· 005

第一节　普通话普及攻坚 ·· 005
　一、普及攻坚工程规划部署 ·· 006
　二、县域普通话普及验收 ··· 008

第二节　推普宣传培训与志愿者行动 ···································· 010
　一、第 20 届全国推广普通话宣传周 ································ 010
　二、普通话培训 ·· 011
　三、普通话普及青年志愿者行动 ····································· 013

第三节　国家通用语言文字水平测试 ···································· 015
　一、普通话水平测试 ··· 015
　二、汉字应用水平测试 ·· 018
　三、少数民族汉语水平等级考试 ····································· 019

第二章　语言文字规范化标准化信息化建设 ······························· 021

第一节　国家通用语言文字规范 ·· 021
　一、新时期普通话审音 ·· 021
　二、汉语词汇规范 ·· 023
　三、外语中文译写规范 ·· 026

第二节　少数民族语言文字规范 ·· 028
　一、少数民族语言文字规范标准建设 ······························· 028

目 录

　　二、少数民族语名词术语规范和工具书编纂 …………………… 028

第三节　地名用字规范 ……………………………………………… 031
　　一、地名普查 …………………………………………………… 031
　　二、不规范地名清理整治 ……………………………………… 031
　　三、地名标志用字规范 ………………………………………… 032
　　四、标准地名审定 ……………………………………………… 032
　　五、地名文化保护 ……………………………………………… 034

第四节　科技术语规范 ……………………………………………… 035
　　一、科技名词审定公布 ………………………………………… 035
　　二、规范科技名词推广应用 …………………………………… 037
　　三、科技术语规范科学研究 …………………………………… 038

第五节　语言文字信息化建设 ……………………………………… 039
　　一、语言文字信息化研究与应用规划部署 …………………… 039
　　二、语言文字信息处理研究 …………………………………… 040
　　三、少数民族语言文字信息化 ………………………………… 043
　　四、语言文字信息技术与产品研发 …………………………… 044
　　五、"国家语委语言资源网"建设 …………………………… 045
　　六、信息技术产品语言文字使用管理立法调研 ……………… 047

第三章　语言资源科学保护 ………………………………………… 049

第一节　中国语言资源状况 ………………………………………… 049
　　一、汉语资源 …………………………………………………… 049
　　二、少数民族语言资源 ………………………………………… 050

第二节　中国语言资源保护工程 …………………………………… 052
　　一、中国语言资源调查 ………………………………………… 052
　　二、中国语言资源平台建设 …………………………………… 054
　　三、中国语言资源保护研究 …………………………………… 055
　　四、中国语言资源保护工程管理 ……………………………… 056

第三节　少数民族语言资源保护与建设 …………………………… 058

一、少数民族语言文字方针政策宣传贯彻 …………………… 058
　　二、少数民族地区双语和谐 ………………………………… 059
　　三、少数民族语言文字出版与广播影视 …………………… 060
　　四、少数民族语言文化信息视频资源 ……………………… 062
　　五、少数民族语言文字网站资源 …………………………… 062

第四章　语言服务能力提升 ……………………………………… 063

第一节　"一带一路"语言服务 …………………………………… 063
　　一、"一带一路"语言服务研究 ……………………………… 063
　　二、"一带一路"语言服务图书出版 ………………………… 065

第二节　外语服务 ………………………………………………… 067
　　一、外语人才培养 …………………………………………… 067
　　二、公共服务领域外文译写规范 …………………………… 069
　　三、北京冬奥会语言服务行动规划部署 …………………… 071
　　四、国民外语能力评测标准研制 …………………………… 072

第三节　特殊人群语言文字服务 ………………………………… 073
　　一、手语和盲文规范化建设 ………………………………… 073
　　二、手语盲文教育与人才培养 ……………………………… 074
　　三、听力和视力残疾人语言文字权益保障 ………………… 076
　　四、听力和视力残疾人普通话培训测试 …………………… 078
　　五、语言障碍人群语言康复服务 …………………………… 078

第五章　语言文化传承传播 ……………………………………… 081

第一节　中华语言文化传承 ……………………………………… 081
　　一、甲骨文研究 ……………………………………………… 081
　　二、中华通韵研究 …………………………………………… 084
　　三、部编语文教材中的传统文化内容 ……………………… 085
　　四、中华经典诵读活动 ……………………………………… 085
　　五、"诵读名家、书法名家进校园"活动 …………………… 087

目 录

六、其他行业系统语言文化传承传播工作 ················ 088

第二节　汉语国际传播 ················ 092
一、孔子学院建设 ················ 092
二、汉语国际教育 ················ 093
三、华文教育 ················ 095
四、汉语在全球的影响力 ················ 097

第三节　语言文化交流合作 ················ 098
一、两岸语言文化交流合作 ················ 098
二、内地与港澳语言文化交流合作 ················ 100
三、语言文字国际交流合作 ················ 101
四、首届中国北京国际语言文化博览会 ················ 102

第四节　中华思想文化外译传播 ················ 104
一、《习近平谈治国理政》外译传播 ················ 104
二、中央文献对外翻译 ················ 105
三、中国关键词多语种对外传播 ················ 108
四、中华思想文化术语整理与外译 ················ 110
五、中国特色话语对外翻译标准化术语库建设 ················ 111
六、中国话语海外认知度调研 ················ 112
七、中华文化外译出版 ················ 113

第六章　语言治理体系构建 ················ 115

第一节　语言文字工作督查 ················ 115
一、城市语言文字工作评估 ················ 115
二、语言文字工作督导评估 ················ 117

第二节　行业领域语言文字工作 ················ 119
一、教育领域 ················ 119
二、新闻出版广电领域 ················ 121
三、商业领域 ················ 124
四、交通运输领域 ················ 125

第三节　语言文字学术建设 126
一、语言文字科研项目 126
二、国家语委科研机构建设 130
三、语言文字学科建设 136
四、语言文字应用研究人才培养 140

第四节　社会语言生活引导 142
一、发布语言生活皮书 142
二、语言文字应用咨询服务 143
三、"汉语盘点"活动 145
四、"随手拍错字"活动 147

第五节　语言文字工作机构和队伍建设 149
一、语言文字工作机构建设 149
二、语言文字工作队伍建设 153

附　录 155

教育部　国家语委关于印发《国家通用语言文字普及攻坚工程实施方案》的通知 155
教育部　国家语委关于进一步加强学校语言文字工作的意见 161
国家民委"十三五"少数民族语言文字工作规划 164
2017年发布或通过审定的语言文字规范标准 172
2017年国家语言文字工作大事记 173

Contents

Preface   The Policy of Putonghua Promotion in China ········· 001

Chapter I   Popularization of the Standard Speech and Written Language in China ········· 005

    The Stage of Overcoming Last Obstacles in Putonghua Popularization ······ 005

    Training and Volunteer Activities in Putonghua Popularization ········· 010

    Proficiency Test of Standard Speech and Written Language ········· 015

Chapter II   Construction of Language Normalization, Standardization and Informationization ········· 021

    Specifications and Standards of National Common Language ········· 021

    Specifications and Standards of Languages of Ethnic Minorities ········· 028

    Specifications and Standards of Geographical Names ········· 031

    Specifications and Standards of Technological Terms ········· 035

    Digitalization Construction of Language and Script ········· 039

Chapter III   Language Resource Protection Based on Scientific Research ······ 049

    The Current Situation of Language Resources in China ········· 049

    The Chinese Language Resource Protection Project ········· 052

    The Protection and Development of Language Resources of Ethnic Minorities ········· 058

Chapter IV   Capacity Upgrading for Language Service ········· 063

    The "One Belt and One Road" Initiative and Language Services ········· 063

    Foreign Language Services ········· 067

    Language Services for Population with Special Needs ········· 073

Chapter V   Transformation and Spread of Language and Culture ········· 081

    Chinese Language and Culture Transformation ········· 081

    International Spread of Chinese Language ········· 092

Communication and Cooperation of Language and Culture 098
Translation and International Spread of Chinese Thoughts and Culture 104

Chapter VI Construction of Language Management System 115
Supervision and Regulation of Language Work 115
Language Work in the Fields of Education, Media, Business
   and Transportation 119
Academic Exploration and Discipline Construction of Language Work 126
Guidance for Social Use of Language 142
Institutional Construction and Team Building in Language Work 149

Appendices 155
Notice of the Ministry of Education and the National Language
   Commission on Issuing the "Implementation Plan for the National
   Common Language Popularization Project" 155
Directives of the Ministry of Education and the National Language
   Commission on Further Strengthening Language Work in Schools 161
State Commission for Ethnic Affairs Releasing "the 13th Five-Year Work Plan"
   on the Language Work of Ethnic Minorities 164
List of Language Specifications and Standards Issued or Approved
   in 2017 172
Major Events of Language Work in 2017 173

前言　我国的推广普通话政策

我国是一个多民族、多语言、多方言的国家,推广普通话对促进不同地区和民族之间的经济文化交流,维护民族团结和国家统一,推动经济发展和社会进步,具有重要意义。我国《宪法》第十九条第五款规定:"国家推广全国通用的普通话。"《国家通用语言文字法》第三条规定:"国家推广普通话,推行规范汉字。"

一、普通话的标准和法律地位

1956年2月,国务院发布《关于推广普通话的指示》,在1955年10月全国文字改革会议和现代汉语规范问题学术会议有关决议的基础上指出:"汉语统一的基础已经存在了,这就是以北京语音为标准音、以北方话为基础方言、以典范的现代白话文著作为语法规范的普通话。"从语音、词汇和语法三个方面确定了普通话的标准。

普通话是我国的国家通用语言。2000年颁布的《国家通用语言文字法》第二条指出:"本法所称的国家通用语言文字是普通话和规范汉字。"明确了普通话作为我国国家通用语言的法律地位。

二、推广普通话工作方针

1957年全国普通话推广工作汇报会确定的推广普通话工作方针是:"大力提倡,重点推行,逐步普及。""大力提倡"是指要大力宣传国家推广普通话的方针、政策,宣传推广普通话的重要意义。"重点推行"是指推广普通话工作要抓重点,有先有后,有主有次。"逐步普及"是指推广普通话是一项长期的艰巨的任务,不能操之过急,应当逐步普及,要根据不同条件、不同对象、不同年龄等,提出不同要求。[①]

[①] 参见:王均.当代中国的文字改革[M].北京:当代中国出版社,1995。

前言 我国的推广普通话政策

改革开放后,"形势变化了,推广普通话工作要有新的进展,工作重点和实施步骤也必须作些调整。重点应当放在推行和普及方面,在普及方面应当更积极一些。"①1992年印发的《国家语言文字工作十年规划和"八五"计划纲要》将推广普通话的工作方针调整为"大力推行,积极普及,逐步提高",进一步加大了推行力度,并要求在普及的同时促进普通话能力的提高。

根据新时期推广普通话工作方针,1994年我国开展了普通话水平测试,目前全国累计已有7,000多万人次参加测试;1998年我国开始开展全国推广普通话宣传周活动,至今已连续举办20届。

三、普通话普及目标与要求

新中国成立初期,主要是要求各级各类学校教普通话和用普通话开展各科教学,以及要求各行业人员学习和使用普通话。②

改革开放初期,推广普通话成为新时期语言文字工作的首要任务,目标是进一步扩大普通话的使用范围,使普通话成为教学语言(校园语言)、工作语言、宣传语言、交际语言。③

1997年召开的第二次全国语言文字工作会议提出,"2010年以前,普通话在全国范围内初步普及,交际中的方言隔阂基本消除,受过中等或中等以上教育的公民具备普通话的应用能力,并在必要的场合自觉地使用普通话,与口语表达关系密切行业的工作人员,其普通话水平达到相应的要求。"

《国家通用语言文字法》从法律的角度明确了应当使用普通话的场合:国家机关以普通话为公务用语;学校及其他教育机构以普通话为基本的教育教学用语;广播电台、电视台以普通话为基本的播音用语;提倡公共服务行业以普通话为服务用语;对外汉语教学应当教授普通话。

党的十八大以来,我国提出了到2020年的普通话普及目标。《国家中长期语言文字事业改革和发展规划纲要(2012—2020年)》(简称《规划纲要》)和《国家

---

① 引自国家语委原主任刘导生在1986年全国语言文字工作会议上的报告《新时期的语言文字工作》。
② 参见:国务院《关于推广普通话的指示》。
③ 参见:国家语委原主任刘导生在1986年全国语言文字工作会议上的报告《新时期的语言文字工作》、《国务院批转国家语委关于当前语言文字工作请示的通知》(1992)、《国家语言文字工作十年规划和"八五"计划纲要》(1992)等。

语言文字事业"十三五"发展规划》(简称《"十三五"规划》)指出,到 2020 年,全国范围内普通话基本普及,语言障碍基本消除;农村普通话水平显著提高,民族地区国家通用语言文字普及程度大幅度提高。《国家通用语言文字普及攻坚工程实施方案》指出:"本工程的总体目标是确保'到 2020 年,在全国范围内基本普及国家通用语言文字',具体设定为全国普通话普及率平均达到 80% 以上。"

四、推广普通话与科学保护各民族语言文字

我国在推广普通话的同时,妥善处理好普通话和汉语方言、少数民族语言的关系,努力构建主体性和多样性辩证统一的和谐语言生活。

普通话和方言并存分用。普通话用于政府公务、新闻播音、教育教学、会议活动等公共场合,方言用于社区、家庭等日常生活交际。同时,《国家通用语言文字法》第十六条规定,国家机关的工作人员执行公务时,戏曲、影视等艺术形式中,出版、教学、研究中根据需要可以使用方言,经国务院广播电视部门或省级广播电视部门批准的播音用语也可以使用方言。方言是客观存在的,有其自身的产生发展规律和使用价值,并将在一定领域和特定地区内长期存在。我国推广普通话并不是要消灭方言、禁止方言,而是要求方言区的人除了会说自己的家乡话,还要学会说普通话,以便和其他方言区的人交流。"只会说普通话的人,也要学点各地方言,才能深入各个方言区的劳动群众。"[①]

普通话和少数民族语言在少数民族聚居区域双语和谐。普通话不仅是汉民族共同语,而且是我国各民族间的族际共通语。在少数民族地区推广普通话,有利于消除贫困、提升少数民族民生福祉,有利于各民族间加强交流、增进民族团结,有利于促进民族地区经济社会特别是教育、科技事业发展,符合广大少数民族群众的根本利益。同时,我国依据《宪法》《少数民族区域自治法》等法律法规的规定,充分保障各民族使用和发展本民族语言文字的自由。教育部、国家语委、国家民委等部门全面贯彻国家关于少数民族语言文字的方针政策,大力推进少数民族语言文字规范化标准化信息化建设,使其更好适应现代社会的使用需求;在少数民族地区实施双语教学,建设双语和谐乡村(社区),培养双语人才队

---

① 引自 1958 年 1 月 10 日周恩来总理在政协全国委员会举行的报告会上的报告《当前文字改革的任务》。

伍和双语公共服务志愿者队伍。同时,我国还要求"在兄弟民族地区工作的汉族干部,不但应该尊重兄弟民族使用和发展民族语言的权利,而且必须努力学习兄弟民族的语言"①。

我国在推广普通话的同时,科学保护各民族语言文字。汉语方言和少数民族语言是我国重要的语言资源、文化资源,是中华文化的重要组成部分。党的十七届六中全会通过的《中共中央关于深化文化体制改革推动社会主义文化大发展大繁荣若干重大问题的决定》要求:"大力推广和规范使用国家通用语言文字,科学保护各民族语言文字。"中共中央办公厅、国务院办公厅《关于实施中华优秀传统文化传承发展工程的意见》要求:"大力推广和规范使用国家通用语言文字,保护传承方言文化。开展少数民族特色文化保护工作,加强少数民族语言文字和经典文献的保护和传播,做好少数民族经典文献和汉族经典文献互译出版工作。"我国正在实施"中国语言资源保护工程",对汉语方言和少数民族语言,特别是一些濒危的方言和语言,利用现代技术手段进行调查、整理、研究和开发应用。

---

① 引自吴玉章在1958年2月3日第一届全国人民代表大会第五次会议上的报告。

第一章 国家通用语言文字推广普及

推广普及国家通用语言文字是我国语言文字事业的首要任务,也是"十三五"时期语言文字事业助力全面建成小康社会的主要着力点。为实现《"十三五"规划》"到2020年,在全国范围内基本普及国家通用语言文字"的奋斗目标,2017年,我国加速推进国家通用语言文字普及攻坚,积极推动将普通话普及纳入国家的扶贫攻坚工程,启动全国县域普通话普及验收,加强普通话推广宣传与培训,组织实施普通话普及青年志愿者行动,继续开展普通话水平测试、汉字应用水平测试和少数民族汉语水平等级考试,进一步促进了国家通用语言文字在全国范围内的普及。

第一节 普通话普及攻坚

2017年是1997年全国语言文字工作会议召开20周年、全国推广普通话宣传周连续举办20年的重要年份。20年来,随着经济社会的发展进步,在各有关部门和全国语言文字工作者的持续努力下,我国全面实现了1997年提出的在全国范围内初步普及普通话的跨世纪奋斗目标,普通话普及率已超过70%。同时,"东西部之间、城乡之间发展很不平衡,西部与东部有20个百分点的差距;大城市的普及率超过90%,而很多农村地区只有40%左右,有些民族地区则更低。中西部地区还有很多青壮年农民、牧民无法用普通话进行基本的沟通交流,这已经成为阻碍个人脱贫致富、影响地方经济社会发展、制约国家全面建成小康社会,甚至影响民族团结和谐的重要因素。"①

在初步普及的基础上,对照决胜全面建成小康社会的要求,迫切需要语言文字事业再接再厉、集中攻坚,实现普通话在全国范围的基本普及。为此,2017年

---

① 引自教育部、国家语委《国家通用语言文字普及攻坚工程实施方案》。

第一章　国家通用语言文字推广普及

我国规划部署并全面启动了《"十三五"规划》提出的"国家通用语言文字普及攻坚工程"。

一、普及攻坚工程规划部署

2017年3月14日,教育部、国家语委印发《国家通用语言文字普及攻坚工程实施方案》(简称《方案》),明确了工程的总体要求、基本原则、工程目标、重点措施和条件保障。

(一)总体要求

《方案》要求,充分认识在我国普及国家通用语言文字的重要意义,高度重视基本普及国家通用语言文字在国家发展大局中的重要作用。特别指出:"要结合国家精准扶贫、精准脱贫基本方略,结合新型城镇化和社会主义新农村建设,以农村地区和民族地区为重点,以劳动力人口为主要对象,摸清攻坚人群基本情况和需求,制定普通话普及攻坚具体实施方案,大力提高普通话的普及率,为经济发展提供新动力,为文化建设提供强助力,为打赢全面小康攻坚战奠定良好基础。"

(二)基本原则

《方案》指出,推动国家通用语言文字普及攻坚,要坚持政府主导、协同推进,坚持突出重点、精准发力,坚持因地制宜、分类指导,坚持制度建设、注重长效。

(三)工程目标

《方案》明确,"'到2020年,在全国范围内基本普及国家通用语言文字',具体设定为全国普通话普及率平均达到80%以上。"同时,根据"因地制宜、分类指导"的原则,进一步对东中西部地区提出了不同的目标。具体见表1.1.1。

表1.1.1　国家通用语言文字普及攻坚工程目标

区域	工作重点	攻坚目标
东部地区	提高水平	普通话普及率85%以上;基础薄弱区域确保80%以上
中部地区	普及达标	普通话普及率80%以上;基础薄弱区域至少75%以上
西部地区	普及攻坚	1. 有条件的力争将普通话普及率提高到80%以上 2. 基础较差的要确保将普通话普及率提高到70%以上 3. 特别困难的至少提高10个百分点,原则上到2020年普及率不得低于50%

(四) 工程任务

《方案》针对不同县域提出了不同的任务。具体见表 1.1.2。

表 1.1.2　国家通用语言文字普及攻坚工程任务

县域	重点任务	攻坚任务
普及率已经达到 70% 以上	集中提高	1. 75%—79.9% 的县域争取于 2018 年年底之前提高到 80% 2. 70%—74.9% 的县域争取于 2019 年年底之前提高到 80%
普及率已经达到 50% 以上	普及攻坚	1. 2020 年年底之前一半以上的县域普及率达到 70% 2. 其中城市地区普及率达到 80%
普及率 50% 以下	加快进度	1. 2020 年年底之前将各县域普及率提高 10 个百分点以上 2. 原则上要将所有县域的普及率提高到 50% 以上

(五) 重点措施

《方案》要求重点提升教师、基层干部职工、青壮年农牧民三类人员的国家通用语言文字应用能力。具体见表 1.1.3。

表 1.1.3　国家通用语言文字普及攻坚工程重点措施

重点措施	具体要求
大力提升教师国家通用语言文字能力	1. 强化校长和教师的国家通用语言文字相关培训 2. 快速提高普通话未达标教师的普通话水平 3. 新任教师普通话水平必须达到国家规定的标准
全面提升基层干部职工普通话能力	1. 发挥公务员的表率作用,加强基层干部的普通话培训 2. 提高对基层干部国家通用语言文字意识和应用能力的要求 3. 确保重点领域从业人员的普通话全部达标
提高青壮年农民、牧民普通话应用能力	1. 对不具备普通话沟通能力的青壮年农民、牧民进行专项培训 2. 将外来常住人员纳入本地语言文字工作范围 3. 将普通话培训纳入职业技能培训的重要内容 4. 将语言文字工作支援列入对口援助工作的重要内容

(六) 条件保障

《方案》要求各地强化政府责任、加强督导验收、加大经费投入、发挥学校作用、加强宣传动员,全力保障普及攻坚工程落到实处。

二、县域普通话普及验收

我国绝大部分县域内农村占有广阔空间,开展县域普通话基本普及验收工作,是普及攻坚工程的重要举措,既有利于提高全社会语言文字规范意识和规范化水平、提升国民语言文字应用能力,也有利于促进县域经济和社会发展、服务国家全面建成小康社会的需求。2017年3月13日,教育部、国家语委印发《关于开展普通话基本普及县域验收工作的通知》,要求各地根据国家通用语言文字普及攻坚的总体目标、区域目标以及重点任务的路线图和时间表,开展县域普通话基本普及达标验收。

(一) 验收指标

验收工作重点考察县域普通话的普及情况,同时对县级政府和各级各类学校的语言文字工作机构、制度建设、环境建设及长效机制等方面进行考察。验收指标由核心指标、基础指标和保障条件三部分组成,具体见表1.1.4。

表 1.1.4　县域普通话基本普及验收指标体系

一级指标	二级指标	基本内容
核心指标	普通话普及率	县镇居民、农村居民、中小学生等普通人群的普通话普及状况
基础指标	普通话达标率	县、乡两级公务员,中小学教师,县、乡公共服务窗口工作人员,乡镇、农村广播站广播员等重点职业人员的普通话达标状况
保障条件	制度建设	政府和各级各类学校关于普通话普及工作的管理制度建设状况
	工作机构	政府和各级各类学校关于普通话普及工作的体制机制和人员配备状况
	环境建设	党政机关、媒体、公共服务行业、学校的普通话使用状况
	长效机制	党政机关、宣传平台、学校关于普通话普及工作的常态机制建设状况

(二) 县域普通话普及情况调查

全国县域普通话普及情况调查是县域验收工作的基础性工作,旨在进一步摸清目前的普通话普及状况。2017年,教育部、国家语委制定下发《县域居民普通话普及情况调查表》,明确了调查内容和调查方法,研发了调查统计平台。

调查以县域为单位开展,覆盖国家正式命名的所有县级行政区划范围,包括县、县级市、旗、地级市所辖区,但不包括专属的经济开发区等县级单位。

调查内容包括被调查人的户籍性质、职业性质等背景信息,以及普通话使用水平和语言使用状况。具体见表1.1.5。

表1.1.5 县域普通话普及情况调查内容

调查项目	具体内容
背景信息	1. 户籍性质(主要区分城市户籍还是农村户籍) 2. 基本信息(年龄/性别/民族/学历) 3. 职业性质(机关/事业/国有企业/私营企业/个体/退休/无业/农民)
普通话水平	1. 能顺畅听懂普通话 2. 能勉强听懂普通话 3. 自己认为是否会说普通话 4. 调查员判断是否会说普通话 5. 有无普通话证书
语言使用状况	1. 工作中最常使用的语言 2. 工作中使用普通话的比例 3. 日常生活中最常使用的语言 4. 日常生活使用普通话的比例

2017年,地方各级语言文字工作部门全面开展了调查工作。截至12月底,全国已有27个省(区、市)的2,193个县域完成调查并向平台上传了调查数据。

第一章 国家通用语言文字推广普及

第二节 推普宣传培训与志愿者行动

2017年，我国围绕第20届全国推广普通话宣传周广泛开展推普宣传，聚焦普通话普及基础薄弱的农村和少数民族地区，扎实推进普通话培训，依托共青团青年志愿者行动机制深入开展国家通用语言文字支教活动，助力国家通用语言文字普及攻坚工程。

一、第20届全国推广普通话宣传周

全国推广普通话宣传周（简称"推普周"）是我国在20世纪末提出的语言文字工作三项基本措施之一[1]，经1997年国务院第134次总理办公会议批准，自1998年起每年举办一届。到2017年已连续举办20届。

第20届推普周的时间是2017年9月11—17日，主题是"大力推广和规范使用国家通用语言文字，自觉传承弘扬中华优秀传统文化"。

本届推普周继续深入到普通话普及基础薄弱的农村和少数民族地区，在近年来普通话普及力度不断增大，很多青壮年农牧民通过学习普通话实现脱贫的"直过民族"[2]聚居地区——云南省临沧市举办闭幕式等重点活动。云南省和临沧市以举办第20届推普周闭幕式为契机，在党政机关、学校和全社会开展中华经典诵读、汉字听写、书法名家进校园等活动，并开展了"直过民族"骨干教师普通话培训。

为纪念推普周活动连续开展20年，除了继续发行宣传海报、发布电视公益广告，教育部、国家语委等单位还制作发布了推普周20年专题宣传片。

各地、各行业系统围绕主题，结合国家通用语言文字普及攻坚任务，开展了内容丰富、形式多样的推普宣传活动，大力宣传语言文字法律法规、方针政策和规范标准，传播中华语言文化。各地共计发放张贴宣传画、宣传标语约214万张，发放推普宣传纪念品约145万件，举办广场宣传、社会咨询、讲座培训、技能竞赛、经典诵读、规范汉字书写、诵读和书法名家进校园等各类活动约4.1万场

---

[1] 另两项基本措施分别是"目标管理，量化评估"和普通话水平测试。
[2] 指新中国成立后，未经民主改革，直接由原始社会跨越几种社会形态过渡到社会主义社会的民族，包括拉祜族、佤族、布朗族、傣族、傈僳族、景颇族等。

次,讲座培训的受众约 128 万人次,广播电视相关新闻报道 2 万余次,发表宣传文章 1.5 万余篇。具体见表 1.2.1。

表 1.2.1　第 20 届全国推普周各地推普宣传活动情况

序号	活动形式	全国总数
1	发放张贴宣传画、宣传标语	约 214 万张
2	发放推普宣传纪念品	约 145 万件
3	举办各类活动	约 4.1 万场
4	讲座培训受众	约 128 万人次
5	广播电视新闻报道	21,215 次
6	发表宣传文章	15,427 篇

各地还结合各自实际开展了市民诵读节、在线阅读体验、推普到乡村、"普通话门诊"、民族地区公务员教师普通话培训测试等一系列特色鲜明的宣传活动。

二、普通话培训

加强普通话培训,培养推广普通话的干部和教师,一直是我国推广普通话的重要措施。

(一) 国家级普通话培训

我国从 1956 年起就开始举办普通话培训班。1956—1960 年连续举办了 9 期"普通话语音研究班",共培训学员 1,666 人,除了培养推广普通话的骨干,还培养了一批汉语方言普查的骨干。1979 年举办了 2 期"普通话研究班",1980 年更名为"中央普通话进修班"并一直延续至今,到 2017 年共举办了 31 期,培训学员 1,548 人。中央普通话进修班的学员,到 20 世纪 90 年代末都是以师范院校、教师进修学校的教师为主,也包括中小学教师等其他教学人员;21 世纪以来,以高校教师为主。国家级普通话培训工作情况具体见表 1.2.2。

表 1.2.2　国家级普通话培训工作情况(截至 2017 年)

培训班类型	举办时间	举办期数	培训学员数
普通话语音研究班	1956—1960	9	1,666
普通话研究班	1979	2	87
中央普通话进修班	1980 至今	31	1,548

第一章 国家通用语言文字推广普及

2017年,国家语委普通话与文字应用培训测试中心(简称"国家测试中心")举办了第31期中央普通话进修班。来自全国30个省(区、市)的98名普通话骨干教师接受培训,全部通过考核,获得结业证书。本期培训班主要面向农村和边远地区招收学员,旨在培养一批在农村和边远地区承担普通话培训课程教学的"种子"教师队伍。

此外,2000年以来,教育部、国家语委面向民族地区双语教师、农村地区骨干教师开展普通话培训,培训规模年平均达数千人。2017年,在内蒙古、广西等少数民族聚居较多的省份举办少数民族双语教师普通话国培班10期、委培班9期,共培训近2,000人;在江西、云南、陕西等地举办中西部地区农村骨干教师语言能力提升培训班,培训300多人;实施"民族地区干部和青壮年农牧民国家通用语言文字培训计划",重点支持云南、新疆等省区开展青壮年农牧民普通话培训。

(二)地方普通话培训

农村和少数民族地区是普通话普及攻坚的重点。2017年,除港澳台地区以外,全国各省(区、市)和新疆生产建设兵团(简称"建设兵团")针对农村青壮年、农村教师和少数民族教师开展的普通话培训的总人次近40万,比上年增长近4万。其中,农村青壮年101,683人次,农村教师259,907人次,少数民族教师38,102人次。具体见表1.2.3。

表1.2.3　2017年地方普通话培训情况

序号	地方省级单位	农村青壮年	农村教师	少数民族教师	合计
1	北京	736	1,661	2,361	4,758
2	天津	0	0	265	265
3	河北	9,682	20,018	384	30,084
4	山西	7,356	1,710	0	9,066
5	内蒙古	3,261	9,585	1,674	14,520
6	辽宁	0	7,918	172	8,090
7	吉林	0	60,000	82	60,082
8	黑龙江	2,695	7,702	249	10,646
9	上海	1,250	465	86	1,801
10	江苏	0	23,494	0	23,494
11	浙江	0	800	0	800

（续表）

序号	地方省级单位	农村青壮年	农村教师	少数民族教师	合计
12	安徽	0	442	0	442
13	福建	8,916	3,300	0	12,216
14	江西	800	4,000	0	4,800
15	山东	7,063	25,307	838	33,208
16	河南	32,930	42,806	1,590	77,326
17	湖北	5,217	12,476	825	18,518
18	湖南	0	0	0	0
19	广东	0	4,121	0	4,121
20	广西	416	11,003	13,769	25,188
21	海南	0	266	100	366
22	重庆	0	300	0	300
23	四川	0	100	77	177
24	贵州	2,026	17,942	13,449	33,417
25	云南	15,111	0	977	16,088
26	西藏	0	0	241	241
27	陕西	0	990	0	990
28	甘肃	1,224	1,745	250	3,219
29	青海	0	0	0	0
30	宁夏	0	0	0	0
31	新疆	3,000	0	0	3,000
32	建设兵团	0	1,756	713	2,469
	合计	101,683	259,907	38,102	399,692

三、普通话普及青年志愿者行动

2017年，共青团中央组织广大青年志愿者积极投入语言文字支教行动，广泛开展进城务工人员及其子女语言应用能力培训，扎实推进面向少数民族学生的民族团结教育和文化教育。

（一）中西部地区语言文字支教

全国大中专学生志愿者暑期"三下乡"社会实践活动共组织777.5万名大学生赴全国各地开展多种形式的社会实践活动。其中，超过150万名青年学生、近

第一章　国家通用语言文字推广普及

6万支团队到中西部地区特别是基础教育薄弱、教育资源匮乏的贫困县(乡)开展支教活动,通过讲授语言课程、设计语言游戏、开展读书活动等方式,帮助当地教师和留守儿童提升语言文字运用能力。此外,"新疆学子百村行"暑期实践专项活动组织487支实践团队、7,500余名大学生分赴北疆、南疆、东疆10个地州50余个县区300多个村(社区),面向当地群众开展推普宣传与培训等活动,面向当地中小学生开展课业辅导、双语训练等支教活动。

(二) 偏远地区中小学国家通用语言文字教育教学

通过研究生支教团开展面向偏远地区中小学的国家通用语言文字教育教学。完成第19届中国青年志愿者扶贫接力计划研究生支教团派遣工作,由193所高校选派的2,142名志愿者赴中西部20个省(区、市)的297个服务县,开展县乡中小学支教志愿服务工作,对当地中小学生进行普通话、阅读能力、口头和书面表达能力培训,努力提升当地中小学生的国家通用语言文字能力水平。

(三) 进城务工人员及其子女语言文字应用能力培训

依托各地"青年之家"实体平台,面向进城务工人员及其子女开展普通话、口头和书面表达等语言文字应用能力培训。如重庆团市委的社区"市民学校"、北京团市委的社区"青年汇"、上海团市委的青年中心、广东团省委的"青亲家园"等,均向青年免费开放,持续举办各类文化学习、信息咨询、志愿服务活动。

(四) 少数民族学生民族团结教育和文化教育

依托全国大中学生暑期同心营项目,开展面向少数民族学生的民族团结教育和文化教育活动。全年共组织1,500名少数民族大中学生分别到北京、西藏、新疆、内蒙古、广西等11个省(区、市)开展"民族团结一家亲,同心共筑中国梦"主题活动。活动内容包括理想信念教育、民族团结教育、社会实践和语言文化交流活动等,帮助少数民族学生提升国家通用语言文字应用水平,增强对中华民族的认同感和对中华文化的自信心、自豪感。

第三节 国家通用语言文字水平测试

2017年,我国继续推进普通话水平测试、汉字应用水平测试和少数民族汉语水平等级考试,坚持以测促训、以训保测,通过培训测试提高国民国家通用语言文字能力水平。

一、普通话水平测试

2017年,除港澳台地区以外,全国共有666.54万人次参加普通话水平测试,比上年增长62.24万。自1994年国家语委、国家教委、广播电影电视部发布《关于开展普通话水平测试工作的决定》以来,23年间全国参加普通话水平测试的人次累计已达7,112.66万。

(一) 不同人群测试人次

从年度测试情况看,五类参测人群比例结构与2016年相同:学生最多,社会人员次之,教师第三,公务员第四,媒体人员最少。其中,教师、社会人员和学生均有较大幅度的增长,公务员基本持平,媒体人员略有下降。

从历年整体看,五类参测人群比例结构也与2016年统计时相同,占比最高的仍为学生,其次为教师,第三为社会人员,第四为公务员,媒体人员最少。2017年及历年累计普通话水平测试人群分布具体见表1.3.1。

表 1.3.1　2017年及历年累计普通话水平测试人群分布

参测人群	2017年人次	2017年占比	历年总人次	历年占比
公务员	103,424	1.55%	1,972,062	2.77%
教师	351,963	5.28%	12,973,667	18.24%
学生	5,271,155	79.08%	48,948,114	68.82%
媒体人员	5,851	0.09%	154,371	0.22%
社会人员	933,044	14.00%	7,078,419	9.95%
合计	6,665,437	100.00%	71,126,633	100.00%

(二) 各地测试人次

湖南、山东参测人次最多,超过66万。参测人次比上年增长的有青海、辽宁、湖南、陕西、山东、宁夏、安徽、河北、福建等21个省(区、市)。

2017年各地普通话水平测试人次及人群分布具体见表1.3.2。

表1.3.2 2017年各省(区、市)普通话水平测试人次及人群分布

序号	地方省级单位	公务员	教师	学生	媒体人员	社会人员	合计
1	北京	188	6,224	44,837	435	18,484	70,168
2	天津	53	540	22,905	54	2,792	26,344
3	河北	3,421	9,960	380,767	201	26,331	420,680
4	山西	348	8,286	118,388	33	7,880	134,935
5	内蒙古	7,235	1,054	93,165	73	2,372	103,899
6	辽宁	73	18,648	75,682	113	17,693	112,209
7	吉林	314	1,332	56,615	42	3,388	61,691
8	黑龙江	16	2,934	64,980	74	14,195	82,199
9	上海	1,165	1,187	135,080	73	17,081	154,586
10	江苏	3,245	23,679	326,812	116	24,277	378,129
11	浙江	1,264	8,848	127,907	130	28,016	166,165
12	安徽	495	8,334	232,808	62	12,650	254,349
13	福建	1,149	8,254	107,601	105	26,097	143,206
14	江西	5,309	12,295	175,573	103	19,560	212,840
15	山东	16,286	36,073	543,143	275	64,921	660,698
16	河南	36,548	40,916	417,646	506	25,571	521,187
17	湖北	1,510	10,845	260,427	19	11,205	284,006
18	湖南	3,475	10,289	365,450	1,900	350,000	731,114
19	广东	239	20,348	237,716	83	39,916	298,302
20	广西	1,030	17,766	223,596	40	14,244	256,676
21	海南	280	572	16,454	1	5,965	23,272
22	重庆	66	5,645	150,117	56	9,220	165,104
23	四川	3,440	25,996	380,320	526	70,962	481,244
24	贵州	4,895	25,584	153,441	70	46,620	230,610
25	云南	2,590	15,761	287,907	62	38,871	345,191
26	西藏	1,903	1,962	2,526	43	996	7,430
27	陕西	53	13,782	132,793	468	13,525	160,621

(续表)

序号	地方省级单位	公务员	教师	学生	媒体人员	社会人员	合计
28	甘肃	1,678	4,610	76,263	64	3,658	86,273
29	青海	1,188	321	16,118	17	3,382	21,026
30	宁夏	21	105	12,316	6	10,759	23,207
31	新疆	3,647	8,913	23,512	51	2,013	38,136
32	建设兵团	300	900	8,290	50	400	9,940
	合计	103,424	351,963	5,271,155	5,851	933,044	6,665,437

(三) 测试成绩

参测人员中获得普通话水平等级证书的人次为 6,629,884，不入级人次为 35,553。在获得普通话水平等级证书的人次中：一级水平占比 1.83%，二级甲等水平占比 38.77%，二级乙等水平占比 45.54%，三级甲等水平占比 12.94%，三级乙等水平占比 0.92%。超过 97% 的考生成绩集中分布在二级甲等、二级乙等和三级甲等。与上一年度相比，一级、二级水平小幅增长，三级水平有较明显的下降，显示参测人群的普通话总体水平逐年提升。2017 年普通话水平测试成绩具体见表 1.3.3。

表 1.3.3　2017 年普通话水平测试成绩

人员	一甲	一乙	二甲	二乙	三甲	三乙	不入级	合计
公务员	2	1,298	23,693	48,992	25,399	3,032	1,008	103,424
语文教师	2	3,111	45,646	50,682	12,137	765	237	112,580
非语文老师	16	5,732	76,581	112,108	42,006	2,049	891	239,383
师范生	375	26,042	802,585	632,254	162,518	7,184	5,081	1,636,039
非师范生	246	67,201	1,343,585	1,724,195	452,516	24,993	22,480	3,635,116
媒体人员	179	1,689	3,417	466	87	3	10	5,851
窗口行业人员	0	3,680	88,154	173,063	47,195	5,707	2,161	319,960
社会其他人员	10	12,173	186,718	277,321	116,269	16,908	3,685	613,084
总人数	830	120,926	2,570,279	3,019,081	858,127	60,641	35,553	6,665,437
占入级人数比例	0.01%	1.82%	38.77%	45.54%	12.94%	0.92%	—	—
	100.00%							

(四) 测试员队伍建设

2017 年，国家测试中心举办了 2 期国家级普通话水平测试员培训考核班

（第59期和第60期），培训名额向中西部倾斜，为农村、边远、少数民族地区培养测试员队伍和推普骨干队伍。来自全国31个省（区、市）、建设兵团和香港特别行政区的242名学员参加了培训考核，211名学员通过考核获得国家级普通话水平测试员资格（其中内地学员193名、香港学员18名）。

截至2017年，国家测试中心共举办国家级普通话水平测试员考核班60期，培训学员6,348人，获得国家级普通话水平测试员资格证者5,749人。

二、汉字应用水平测试

全年共有20,360人参加汉字应用水平测试，比上年增长5,725人。参测人员来自上海、重庆、吉林、湖南四省（市），其中上海8,720人，重庆2,958人，吉林568人，湖南8,027人。此外，第20届推普周期间，教育部组织87名机关干部参加了测试。自2006年推出该项测试以来，全国参测人次累计已超过23万。

从测试成绩看：一级水平772人，约占3.79%；二级水平9,974人，约占48.99%；三级水平8,172人，约占40.14%；不入级1,442人，约占7.08%。与上年相比，一级、二级水平基本持平，三级水平有明显增长，不入级者有较大幅度下降，显示参测人员总体水平逐年有所提高。具体见表1.3.4。

表1.3.4　2017年汉字应用水平测试人次及成绩

省市	一级	二级	三级	不入级	合计
上海	405	3,901	3,646	768	8,720
重庆	176	1,874	851	57	2,958
吉林	16	278	253	21	568
湖南	173	3,853	3,405	596	8,027
教育部机关	2	68	17	0	87
合计	772	9,974	8,172	1,442	20,360
占比	3.79%	48.99%	40.14%	7.08%	100.00%

2017年，国家测试中心先后在湖南和上海举办了2期汉字应用水平测试培训班。来自全国29个省（区、市）的语言文字培训测试机构负责人等，共120人参加培训。

三、少数民族汉语水平等级考试

2017年,全国参加少数民族汉语水平等级考试的人数共计397,352人,比上年增长59,032人。考生来自10多个少数民族,具体见表1.3.5。

表1.3.5　2017年少数民族汉语水平等级考试参测人群民族分布

民族	考生数	占比
蒙古族	29,223	7.35%
藏族	26,467	6.66%
维吾尔族	278,653	70.13%
哈萨克族	45,957	11.57%
朝鲜族	3,181	0.80%
彝族	1,789	0.45%
壮族	216	0.05%
其他少数民族	11,866	2.99%
合计	397,352	100.00%

2017年,少数民族汉语水平等级考试参测人员中,参加一至四级考试的人员分别占比3.92%、2.38%、76.11%和17.59%。具体见表1.3.6。

表1.3.6　2017年少数民族汉语水平等级考试各等级参测人数

等级	考生数	占比
一级考试	15,574	3.92%
二级考试	9,437	2.38%
三级考试	302,435	76.11%
四级考试	69,906	17.59%
合计	397,352	100.00%

第二章　语言文字规范化标准化信息化建设

促进语言文字规范化标准化信息化是我国语言文字事业的重要任务。2017年，我国在国家通用语言文字和少数民族语言文字规范化建设、地名用字规范、科技术语规范、语言文字信息处理关键技术研究及语言文字数字资源建设等方面，都取得了重要进展。特别是早在"十一五""十二五"时期就布局研究的新时期普通话审音、《现代汉语常用词表》修订、《义务教育常用词表》研制等都形成最终成果，3项少数民族语言文字国家标准正式发布，"十三五"重点工程"语言文字信息化关键技术研究与应用工程"明确实施方案，"国家语委语言资源网"建成开通，《信息技术产品语言文字使用管理规定》立法调研工作形成"征求意见稿（草案）"等，取得重要成果。

第一节　国家通用语言文字规范

2017年，我国扎实推进普通话语音、汉语词汇、外语中文译写等方面的规范标准制修订工作，积极推广汉语拼音国际标准建设的成果，努力服务社会语言文字应用。

一、新时期普通话审音

（一）普通话审音工作的历史发展

审定异读词的读音，是普通话语音规范的重要工作。为促进现代汉语规范化和推广普通话工作，我国从20世纪50年代起就开展了普通话审音工作。具体见表2.1.1。

第二章 语言文字规范化标准化信息化建设

表 2.1.1　普通话审音工作的历史发展

时间	审音工作	组织单位
1957	发布《普通话异读词审音表初稿》	中国科学院语言研究所
1959	发布《普通话异读词审音表初稿》续编	中国科学院语言研究所
1962	发布《普通话异读词审音表初稿》三编	中国科学院语言研究所
1963	发布《普通话异读词三次审音总表初稿》	普通话审音委员会
1985	发布《普通话异读词审音表》	国家语委、国家教委、广电部
2011 至今	新时期普通话审音	教育部、国家语委组织；中国社会科学院①语言研究所实施

（二）新时期普通话审音原则

为研究和解决当前社会生活中出现的很多新的语音问题，进一步明确审音原则，教育部、国家语委于 2011 年启动新时期普通话审音工作，成立了新时期普通话审音委员会，依托中国社会科学院语言研究所组建了"普通话审音原则制定及《普通话异读词审音表》修订"课题组。课题组研究确定的新时期普通话审音原则见表 2.1.2。

表 2.1.2　新时期普通话审音原则

序号	原则
1	以北京语音系统为审音依据
2	充分考虑北京语音发展趋势，同时适当参考在官话及其他方言区中的通行程度
3	以往审音确定的为普通话使用者广泛接受的读音，保持稳定
4	尽量减少没有别义作用或语体差异的异读
5	在历史理据和现状调查都不足以硬性划一的情况下暂时保留异读并提出推荐读音

（三）新时期普通话审音结果

课题组根据上述原则开展审音工作。通过较大规模的读音调查和有声数据筛查，征求辞书编纂、广播电视、基础教育等各相关领域的专家意见，以及网络征求社会意见，《普通话异读词审音表（修订）》于 2016 年 12 月通过了国家语委语言文字规范标准审定委员会（简称"国家语委审委会"）审定，向国家标准化管理委员会（简称"国家标准委"）报批。修订内容具体见表 2.1.3。

---

　　① 成立于 1977 年，前身为中国科学院哲学社会科学部。

表 2.1.3 《普通话异读词审音表(修订)》的修订内容

序号	修订内容	举例
1	原审音表未收的条目,本次修订予以收录	如"拜拜",表示再见、告别的含义,读 báibái
2	原审音表有异读的词,本次修订不再保留异读,改为统读	如"荨麻""荨麻疹"分别读 qián、xún,本次修订为统读音 xún
3	原审音表存在异读的词,本次修订调整了原有读音	如"场院""一场雨"在原审音表中均读阳平,本次修订"一场大雨"中的量词用法读音调整为上声
4	原表已统读的字,根据社会使用习惯,取消统读	如"荫"原表统读,本次修订"林荫道"中的"荫"读 yīn,"福荫"中的"荫"读 yìn
5	原表释义不清的,本次修订明确了释义并给出例词	如"壳"所构成的词,对原表所列词例做了调整,修订为除了"地壳""金蝉脱壳"读 qiào 外,其余读 ké
6	对部分用字引起的异读,从用字层面进行调整	"脖梗子"从音韵或词义角度,本字当作"梗",俗写作"颈";本次修订建议"脖梗子"不再写作"脖颈子",并相应淘汰"颈"字异读音 gěng,统读为 jǐng

二、汉语词汇规范

(一) 修订《现代汉语常用词表》

《现代汉语常用词表》是汉语词汇规范的重要成果,1998 年启动研制,2001 年通过鉴定,2005 年对词表词频进行分级统计,2008 年正式印行。自出版以来,社会常用词语发生较大变化,原词表中有的词语逐渐退出常用词范围,现实语言生活中有的词语逐渐进入常用词范围,需要对词表进行删减、增加和修订。从 2015 年起,教育部、国家语委组织开展了词表的修订工作,由《现代汉语规范词典》编写组和国家语言资源监测与研究教育教材中心(简称"教育教材中心")[①]分工合作,完成了词目增删、词性和拼音调整、词序调整等工作,于 2017 年形成《现代汉语常用词表(修订)》。

---

① 国家语委科研机构之一,设在厦门大学。

《现代汉语常用词表(修订)》新增词语 1,500 余条,删除词语 150 余条,共收词 56,000 多条;修订拼音和词形数十处,并将全部词目按当代语料库和词频统计结果定序入表。修订后的《现代汉语常用词表》保持了原词表"常用""通用""语文为主、兼及百科"的性质与原则,吸收近年来国家有关机构和科研单位的新规范和新成果,并针对其不足进行局部调整。修订情况具体见表 2.1.4。

表 2.1.4 《现代汉语常用词表(修订)》修订情况

序号	修订内容	修订说明
1	删除词语	1. 有明显见字明义或词义叠加式的复音词 2. 理据错误的异形词 3. 明显属句法关系的词组结构 4. 一些专业性较强的术语 5. 一些过时的旧词语 6. 一些不太稳定的词语 7. 不能独立成词、较罕用的单音语素
2	增收词语	1. 已稳定的新词 2. 原漏收语 3. 字母词
3	修改拼音	1. 音项减少 2. 音项增加
4	调整词形	如增收部分词语的高频儿化形式
5	重定词序	新词根据原词表定序原则进入列表,新老词语共同使用大规模语料抽样统计频率,重新定序

(二) 研制《义务教育常用词表》

目前我国使用的汉语词表主要有"面向社会一般应用的通用词表""对外汉语教学用词表""中文信息处理用词表"三类,而适用于义务教育阶段的学习性词表一直空缺。为推动义务教育阶段语文教学的规范化,提高中小学语文教学水平,提供规范科学的学习资源,国家语委于 2011 年批准设立"基础教育学习性词表的研制"课题,开展相关研究,由教育教材中心承担,2016 年通过结项鉴定。2016 年,国家语委又批准设立后期资助项目"《基础教育学习性词表》的分级验证与推广",于 2017 年通过结项鉴定。根据相关专家意见,项目成果改名为《义务教育常用词表》。

《义务教育常用词表》的编写原则主要包括:以词为主,兼顾语;以书面词语

为主;通用性与学习性兼顾,以学习性为主。在词目收录过程中,又确立了若干对义务教育阶段语文教学具有重要意义的参考原则,见表2.1.5。

表2.1.5 《义务教育常用词表》收词原则

序号	收词原则	说明	举例
1	收录能独立使用的单字	在《义务教育语文课程常用字表》3,500常用字中选用完整表意、能独立使用的字进入词表	天、地、人、日、月、水
2	以字带词,词不越字	充分注意与汉字分级学习要求的对接,高学段要求的汉字不出现在低学段词汇中	"吮吸""怠工""嘲笑"不出现在小学词汇中;超出3,500常用字范畴的词不予收录,如"集腋成裘"
3	收词语的原形	不收无别意作用的重叠形式、儿化等变形	如收"摇头""点头""船",不收"摇摇头""点点头""船儿"
4	收典型的普通话词语	非典型的普通话词语一般不予收录	收"爸爸""父亲",不收带方言色彩的"阿爸""爹爹"
5	收语言词不收言语词	语言词是存在于语言系统的稳定、普遍、通用的词语,言语词则依于具体语境,不太稳定、不太通用	收"胸有成竹""博学多才",不收"成竹在胸""博学多识"
6	对部分组合词进行处理	不收或慎收见字明义、组合叠加式的词语	不收"口渴""心想""长大""白兔"
7	处理语文词和名物词的关系	注重收满足日常交际的语文词,按类选收高频名物词	如普通话词汇系统中的"虫"类共有词语252个,而本词表只收"虫、昆虫、害虫"等18个
8	一般不收专名	除了少数指称国家、政权的代表性词语,一般不收录人名、地名、组织机构名等专名	只收录"中国""五星红旗""共产党""解放军"等

《义务教育常用词表》采用了频率统计、文本统计、语义分布统计、相对词频统计、位序统计等多种研制方法,在对词语常用度进行大规模数据验证,听取专家及中小学一线教师的意见和在基础教育四个学段进行随机测验后,于2017年初形成《义务教育常用词表(草案)》。词表收录我国义务教育阶段需要学习、比较稳定、使用频率较高的普通话常用词语16,600多个,并给出词语的字形、拼音、词性与分级。词表将所有词语分为四级,一至四级词语分别对应义务教育第一

至四学段。分级和学段对应情况如表 2.1.6 所示。

表 2.1.6　各级词汇数量与对应学段

词汇分级	词量	对应学段
一级词	约 2,100 个	第一学段（小学 1—2 年级）
二级词	约 5,800 个	第二学段（小学 3—4 年级）
三级词	约 5,500 个	第三学段（小学 5—6 年级）
四级词	约 3,200 个	第四学段（初中 1—3 年级）
合计	约 16,600 个	

三、外语中文译写规范

2017 年，外语中文译写规范部际联席会议专家委员会审议通过《第五批推荐使用外语词中文译名表》（见表 2.1.7），为 12 个国际组织的外语名称提供了推荐使用的中文译名。在筛选词条及其中文译名研制过程中，专家委员会秘书处主要运用语料库查询、频次统计等方法，采取函审、预审会等方式征集意见建议，参考全国科学技术名词审定委员会等机构发布的译名信息，并就相关译名征求了科技部、中国科学院、国家体育总局、中国网球协会等部门和组织的意见。

表 2.1.7　第五批推荐使用外语词中文译名表（2017）

序号	外语词缩略语	外语词全称	中文译名 1	中文译名 2	备注
1	CAC	Codex Alimentarius Commission	国际食品法典委员会	—	—
2	CTC	United Nations Security Council Counter-Terrorism Committee	联合国安全理事会反恐怖主义委员会	安理会反恐委员会	—
3	IEA	International Energy Agency	国际能源署	—	—
4	IPCC	Intergovernmental Panel on Climate Change	政府间气候变化专门委员会	—	—

(续表)

序号	外语词缩略语	外语词全称	中文译名1	中文译名2	备注
5	ATP	Association of Tennis Professionals	国际男子职业网球协会	-	-
6	FIFA	Fédération Internationale de Football Association（法语）	国际足球联合会	国际足联	International Federation of Association Football（英语）
7	IPC	International Paralympic Committee	国际残疾人奥林匹克委员会	国际残奥委会	-
8	ITF	International Tennis Federation	国际网球联合会	国际网联	-
9	WTA	Women's Tennis Association	国际女子职业网球协会	-	-
10	GEO	Group on Earth Observations	地球观测组织	-	-
11	ICO	International Council of Ophthalmology	国际眼科理事会	-	-
12	G7	Group of Seven	七国集团	-	-

第二节 少数民族语言文字规范

我国高度重视少数民族语言文字规范化标准化工作。2017年，教育部、国家语委先后赴新疆、内蒙古等地开展专题调研，并于9月在云南召开全国少数民族语言文字规范化标准化信息化工作会议，指导各相关省区及少数民族语术语标准化机构，深入推进我国少数民族语言文字规范化标准化信息化工作，为加快民族地区全面建成小康社会贡献力量。

一、少数民族语言文字规范标准建设

2017年，我国新发布少数民族语言文字国家标准3项，内容涉及锡伯文和朝鲜文两种文字的键盘字母布局。具体见表2.2.1。

表2.2.1 2017年发布的少数民族语言文字国家标准

序号	标准名称	发布时间	发布单位
1	GB/T 34951-2017 信息技术 基于数字键盘的锡伯文字母布局	2017.11.1	国家质检总局、国家标准委
2	GB/T 34957-2017 信息技术 基于数字键盘的朝鲜文字母布局	2017.11.1	国家质检总局、国家标准委
3	GB/T 34958-2017 信息技术 朝鲜文通用键盘字母数字区的布局	2017.11.1	国家质检总局、国家标准委

二、少数民族语名词术语规范和工具书编纂

在国家语委和国家民委的统筹指导下，内蒙古、辽宁、吉林、黑龙江、广西、四川、贵州、云南、西藏、甘肃、青海、新疆等省区，以及相关全国性和跨省区民族语文机构，结合各自区域特点和业务实际，从名词术语规范、民族语文工具书编纂等方面，深入推进少数民族语文规范化建设。

（一）蒙古语

在蒙古语规范化建设方面，设有由内蒙古、新疆、青海、甘肃、河北、辽宁、吉

林、黑龙江和北京地区蒙古语文工作协作小组组成的"八省区蒙古语文工作协作小组"专门机构,制度化协调推进相关工作。

蒙古语名词术语委员会定期开展蒙古语名词术语规范与审定工作,在八省区范围内连续发布《蒙古语名词术语公报》,近年还编发《蒙古语名词术语论文集》。内蒙古积极开展蒙古语文的正音、正字等规范化工作,出版《蒙古语标准音论文集》,开展《蒙古文正字法词典》的调研工作,并对义务教育阶段蒙古文教材进行审查。新疆也在蒙古语规范方面开展一系列工作,包括审定发布蒙古语名词术语,在编或出版《汉蒙规范新词术语对照词典》《新疆地名蒙汉文音译转写规范词典》《托忒蒙文胡都木蒙文对照卫拉特方言正字正音词典》等工具书。

(二) 藏语

在藏语术语规范方面,全国藏语术语标准化工作委员会和西藏、青海等省区定期审定发布新词术语。全国藏语术语标准化工作委员会通过《藏语术语工作通讯》等发布,西藏通过《藏文名词术语规范公报》发布,青海通过《藏语新词术语公报》发布。此外,甘肃已将定期发布藏语新词术语工作纳入"十三五"工作规划。

在藏语工具书方面,全国藏语术语标准化工作委员会在编《新词术语汉藏词典》;西藏在编《汉藏对照新词术语规范词典》;青海编有《新编藏文字典》,并正在牵头组织实施《现代汉语词典》藏译工程。此外,四川也编有《汉藏英常用新词语词典》和《汉藏英常用新词语图解词典》。

(三) 维吾尔语、哈萨克语、柯尔克孜语、锡伯语

新疆建有"名词术语服务平台"网,及时审定和公布维吾尔语、哈萨克语、柯尔克孜语和锡伯语名词术语。同时,在编或已编译出版一大批民族语文工具书。

(四) 朝鲜语

在朝鲜语规范化建设方面,设有东北三省朝鲜语文协作小组。近年来,修订"朝鲜语标点符号法""朝鲜语隔写法""朝鲜语正音法"和"朝鲜语正字法"等基本规则,出版《朝鲜语常用规范词汇》《朝鲜语规范集》(2016年修订本)等工具书,取得了重要成果。2017年3月13日,东北三省朝鲜语文协作小组办公室在吉林长春发布《朝鲜语规范集》(2016年修订本)。

(五)彝语

在彝语规范化建设方面,设有川滇黔桂四省区彝语文工作联系会机制。全国彝语术语标准化工作委员会也每年召开会议,对四川、云南、贵州和广西四省区彝文标准与规范的问题进行深入研究,积极推进彝文人名、地名等名词汉语转写规范,以及彝语新词术语规范标准建设。同时,云南也开展彝语名词术语的规范与审定工作。此外,贵州编有《彝汉英大词典》。

(六)壮语

2017年是国务院颁布《壮文方案》60周年,广西举办隆重的纪念活动。11月28日,广西发布并推行使用1,358个第一批壮文规范词语。这是《壮文方案》颁布60年来,首次发布的壮文规范词语,内容涉及政治、经济、文化、教育、科技等各领域,是壮语规范化建设取得的重大突破。

广西正在修订《壮汉词汇》,针对1984年版的《壮汉词汇》在词汇收录和词条词目规范方面存在的不足,统一按照加注国际音标和词性、辨析歧义、添加简单例句等要求逐条进行修订,已完成16,000个条目的修订,新增3,000个补充条目。同时,还在编《壮汉简明词典》《壮汉词典》《壮语方言词典》《壮文社会用字规范手册》,并正在修改补充壮语《新汉借词语音转写表》。

(七)其他少数民族语

在术语规范方面,云南在省级层面已对包括白语、纳西语、瑶语、规范德宏傣语、西双版纳傣语、傈僳语、拉祜语、佤语、景颇语、苗语、哈尼语等少数民族语的新词术语进行规范,出版了新词术语集。

在工具书编纂方面,黑龙江在编《赫哲语语法功能词典》《鄂伦春语汉语俄罗斯语词典》,甘肃在编《东乡语词典》《保安语词典》《裕固语词典》,贵州在编《苗汉英大词典》《侗汉英大词典》《布依汉英大词典》,四川编有《羌文教师师资培训教材》。

第三节　地名用字规范

促进地名用字规范对保护和传承地名文化，服务美丽乡村建设，服务当代社会政治、经济和科学技术发展，满足社会交往和国际交流需要具有重要意义。我国负责地名用字规范的职能部门是民政部。2017年，民政部扎实推进第二次全国地名普查，深入开展不规范地名清理整治，进一步加强地名标志用字的管理，依法开展地名审定工作，积极保护传承地名文化，全面推进地名用字规范化建设。

一、地名普查

为全面掌握地名基本信息，提高我国地名管理和服务水平，国务院决定于2014年7月至2018年6月开展第二次全国地名普查。2017年，民政部围绕地名普查第二阶段工作任务，对全国31个省（区、市）和建设兵团进行全面督查，指导督促各地抓好检查验收、成果转化、地名管理等各方面工作。各地全面完成地名普查的内外业调查工作，扎实开展普查成果质量审核，共普查地名1,400万余条。

同时，积极推进普查成果转化，推动标准地名图录典志编纂。组织完成词典第一部分词目表编制，选收词条12.6万条，并对23个省份48个地级市的释文进行审稿。组织完成全国13个省份159个地级市的样图编制，并使用东中西部10个区县地名普查成果数据进行样图校验。

二、不规范地名清理整治

结合第二次全国地名普查，各级民政部门深入推进不规范地名清理整治工作。针对当前存在的非标准地名，特别是"大、洋、怪、重"等不规范地名，各地严格依照有关法规标准，分类清理整治，并进行标准化处理。其中，湖北处理不规范地名22,900余个；贵州摸清不规范地名5,570个，已清理整治5,366个；广东论证提出需清理整治的不规范地名5,101个，按有关规定和程序已经清理整治2,355个。2016年以来不规范地名清理整治详情见表2.3.1。

第二章　语言文字规范化标准化信息化建设

表 2.3.1　不规范地名清理整治详情（2016—2017 年）

不规范类型	数量	举例
大	0.33 万	"国际山庄"更名为"恒盛花园"（福建龙岩市新罗区）
洋	0.27 万	"阿奎利亚"小区更名为"恒泰小区"（安徽合肥市长丰县）
怪	1.3 万	"癞疙宝大山"更名为"金蟾大山"（贵州毕节市纳雍县）
重	5.5 万	贵州遵义市正安县将 3 个重名的居民点"大湾"分别更名为"自强大湾、东坝大湾、建政大湾"；福建厦门市湖里区将一地多名的"金塘路"和"北一路"统一为"昭塘路"
合计	7.4 万	

在清理整治不规范地名的同时，各地积极探索建立健全地名管理长效机制，推动地名管理法治化、科学化、标准化。辽宁、江西、广西、重庆等地探索建立地名命名前置审批制度，江苏、内蒙古、湖北等地进一步规范地名命名更名程序，从源头上遏制地名乱象产生，净化地名用字环境。

三、地名标志用字规范

针对当前地名标志用字不规范问题，2017 年民政部印发《关于加强地名标志设置和管理的指导意见》，进一步强调：地名标志必须使用标准地名，汉字书写要以国家公布的《通用规范汉字表》为准，禁止使用繁体字、异体字、自造字和不规范简化字；罗马字母拼写要以国家公布的《汉语拼音方案》作为统一规范，禁止使用外文或"威妥玛式"等旧式拼法。该文件的出台为规范地名标志设置、加强地名标志管理提供了政策依据。

针对地名罗马字母拼写不规范问题，民政部还梳理了国内政府网站、地名标志、新闻出版物等中的地名拼写方式，组织专家在《中国社会报》发表《汉语拼音是实现我国地名拼写单一罗马化的唯一途径》等专题文章，进行政策宣传和引导。

四、标准地名审定

2017 年，民政部严格落实地名命名更名论证和风险评估工作制度，切实加强对政区名重名、同音字、生僻字的审核把关，共组织召开 3 次地名命名更名专家论证会，全年共办理江苏省海安县、福建省长乐市等 9 件县级以上政区地名命名更名审核事项,向国务院报批。2016年以来,经国务院批准的因行政区划调整而进行的更名事项共10项,具体见表2.3.2。

表2.3.2 因行政区划调整而进行的更名情况(2016—2017年)①

序号	原地名	更名后地名
1	撤销九江市星子县	设立九江市庐山市(县级)
2	撤销绵阳市安县	设立绵阳市安州区
3	撤销遵义市遵义县	设立遵义市播州区
4	撤销重庆市开县	设立重庆市开州区
5	撤销天津市蓟县	设立天津市蓟州区
6	撤销成都市郫县	设立成都市郫都区
7	撤销西安市户县	设立西安市鄠邑区
8	撤销许昌市许昌县	设立许昌市建安区
9	撤销贵州省盘县	设立贵州省盘州市
10	撤销九江市九江县	设立九江市柴桑区

2017年,民政部还会同有关部门对我国藏南地区部分地名进行标准化处理,于4月13日公布第一批增补藏南地区公开使用地名,共6个,具体见表2.3.3。

表2.3.3 增补藏南地区公开使用地名(第一批)

中华人民共和国民政部
关于增补藏南地区公开使用地名（第一批）的公告

第404号

根据国务院地名管理的有关规定,我部会同有关部门对我国藏南地区部分地名进行了标准化处理。现正式公布第一批增补藏南地区公开使用地名（共6个）。

民政部
2017年4月13日

增补藏南地区公开使用地名（第一批）

序号	标准地名	藏文名称	罗马字母拼写	经度	纬度
1	乌间岭	ཚོ་རྒྱུ་གླིང་།	Wo'gyainling	91°52′25″	27°34′54″
2	米拉日	མི་ལ་རི།	Mila Ri	93°52′25″	28°03′06″
3	曲登嘎布日	མཆོད་རྟེན་དཀར་པོ་རི།	Qoidêngarbo Ri	93°45′57″	28°16′50″
4	梅楚卡	སྨན་ཆུ་ཁ།	Mainquka	94°08′04″	28°36′03″
5	白明拉山口	འབྲས་མོ་ལ།	Bümo La	96°46′25″	28°06′55″
6	纳姆卡姆	གནམ་མཁའ་ཕུབ་རི།	Namkapub Ri	95°06′05″	28°12′49″

---

① 以国务院批准时间先后为序。

五、地名文化保护

2017年,民政部继续推进"千年古县"地名文化遗产评审认定。评审认定山东省东平县、湖北省大冶市等10个县(市、区)为"千年古县"地名文化遗产,有效促进了地名文化遗产的保护和传承。具体见表2.3.4。

表2.3.4 2017年评审认定的"千年古县"地名文化遗产名录

序号	省份	千年古县
1	福建省	沙 县
2	浙江省	海盐县
3	浙江省	浦江县
4	山东省	东平县
5	河南省	永城市
6	福建省	建阳区
7	湖北省	大冶市
8	广东省	潮阳区
9	山东省	费 县
10	江西省	奉新县

同时,指导各地结合地名普查开展地名文化资源调查,全面详细地搜集地名的渊源、沿革、含义等文化信息,加强对千年古镇、千年古村落、少数民族语地名等地名文化遗产的认定和保护工作。截至2017年底,各地共梳理需加强保护的地名文化遗产2.7万余个,老地名快速消失的现象初步得到遏制。

此外,民政部还广泛开展地名文化展览、征文、知识竞赛、视频征集等地名文化宣传活动,积极引导社会增强地名文化遗产保护意识,自觉使用规范地名。组织拍摄3集地名文化纪录片《神州地名》,开展"美丽中国·地名寻梦"地名普查短视频征集活动和"寻找最美地名故事"网络征集活动,编辑出版《中国100个地名故事》。

第四节 科技术语规范

2017年,全国科学技术名词审定委员会(简称"全国名词委")扎实开展科技名词审定工作,积极促进规范科技名词的推广应用,进一步加强科技术语规范科学研究,取得了丰硕成果。

一、科技名词审定公布

全年共组织86个审定分委员会开展工作,审定公布11种23,749条规范科技名词(其中,预公布20,432条,正式公布3,317条);共组织10个学科的两岸名词对照整理工作,发布12,600条两岸对照名词;同时还出版全藏版名词,共135,590条。具体见表2.4.1。

表2.4.1 全国名词委2017年公布名词情况

	学科名称	名词数量	出版情况	分类统计
正式公布名词	《化工名词(一)》	1,784	已出版	
	《老年医学名词》	1,533	已出版	3,317
预公布名词	《中国古代史名词》	3,590	未出版	
	《图书馆·情报与文献学名词》	3,435	未出版	
	《化工名词(二)》	1,120	未出版	
	《化工名词(三)》	2,025	未出版	
	《结核病学名词》	1,231	未出版	
	《植物学名词》(第二版)	5,833	未出版	
	《精神医学名词》	1,114	未出版	
	《阿尔兹海默病名词》	1,061	未出版	
	《肠外与肠内营养学名词》	1,023	未出版	20,432
两岸名词	《海峡两岸化学工程名词》(第二版)	12,600	已出版	12,600
全藏版名词	《科学技术名词·自然科学卷》(全藏版)	135,590	已出版	135,590
	合计	171,939		171,939

2017年的科技名词审定工作在以下方面取得重要进展。

(一) 医学名词审定

调整完善医学名词审定框架体系,将医学名词审定列为"十三五"名词审定工作重大专项。成立医学名词审定专项任务工作组,坚持定名和释义分步骤推进,全面实施"编审分离"制度,大力推动项目管理创新。一年来,项目组共推进"骨科"等6个学科的名词审定工作,完成"老年医学"等6个学科的名词公布工作,同时开展"结核病学""影像技术学"两个学科的全国意见征集工作,为2018年全面开展医学名词审定打下坚实基础。

(二) 名词数据勘误和跨学科协调

召开中华传统学科名词审定工作研讨会,探讨中华传统科技名词审定工作的一般原则和方法。在此基础上,结合传统医学、中国古代科技史、中国古代史、中国古代哲学、食品科技等学科名词审定工作需要,研制《中华传统科技名词术语外译原则与方法》,并作为学术规范向全社会推广。开展"医学名词数据勘误和协调"项目的前期调研和可行性论证,对已公布的医学名词数据进行问题提取和分析,总结并扩展为名词数据生产的一般性原则,带动数据质量建设。

(三) 新词审定模式创新

实施"新词2017"试验项目,探讨对由于出现时间短、内涵尚处于发展变化当中、概念界定模糊不清而难以纳入常规名词审定系统的新词的审定工作模式。制定实施方案,完成样条撰写,从计算机科学、生物学、医学、测绘学、天文学五大学科领域中选定反映科技发展最新成果、社会应用最广泛的近百条新词,并从作者发掘、审定流程、发布形式等方面对传统科技名词审定原则及方法进行了相应调整。

(四) 热点名词审定

以2016年工作为基础,继续推动113、115、117、118号新元素命名工作。召开新闻发布会,正式向社会公布113号、115号、117号、118号元素中文名称分别为"鿭"(nǐ)、"镆"(mò)、"鿬"(tián)、"鿫"(ào)。向国际标准化组织(ISO)申请新造汉字的区位码,协助有关机构实现新造汉字的计算机输入,与百度公司合作建立百科词条。9月29日，国际标准化组织/国际电工委员会编码字符集委员会（ISO/IEC JTC1/SC2）决定在国际标准 ISO/IEC 10646《信息技术 通用多八位编码字符集（USC）》中对"鿔""鿭""鿫"3个新创元素汉字进行编码，编码方案投票工作将于2018年3月完成。

2017年，人类首次发现源自太阳系外的天体 Oumuamua。天文学名词审定委从诸多方案中评审选定"奥陌陌"作为其中文名称，并及时向社会发布，在中文学术交流和新闻报道中得到广泛应用。

二、规范科技名词推广应用

（一）科技名词在新闻出版领域的规范使用

推动将规范使用科技名词的要求纳入《图书质量检查细则》《图书编校质量查错案例分析》和即将出台的《期刊质量管理规定》。先后举办3期科技名词规范应用培训班，培训来自500多家科技期刊、图书出版单位的800余名骨干编辑、校对和质检人员。参与全国出版职业资格考试命题工作，使全国4万余名参加出版职业资格考试的编辑人员了解了规范使用科技名词的意义和要求。

（二）规范科技名词社会传播

宣传推广113、115、117、118号新元素中文名称。在《中国科技术语》期刊和"术语中国"微信公众号等自有媒体策划相关专题，详细解读有关内容。制作发布"113、115、117、118号新元素"科普视频。

加强与媒体的合作。与上海《文汇报》合作策划名词工作专题，向广大读者宣传天文学、植物学、医学、语言学、世界史等多个学科优秀名词审定专家的事迹。组织召开主题为"运用融媒体理念构建科技名词科普体系"的媒体合作座谈会，进一步加强与传统主流媒体和新媒体的合作与互动。

打造"一报三平台"自有媒体格局。进一步加强《名词工作简报》、全国名词委官网、"术语中国"微信公众号和"术语在线"用户查询平台等自有媒体建设，提升信息发布和社会服务能力。

(三) 舆情监测

强化科技名词方面的舆情监测、汇集、预警和研判工作,全年共监测到相关舆情信息 7,000 余条,并对重点舆情事件做出妥善处理。

三、科技术语规范科学研究

(一) 学术期刊建设

加强《中国科技术语》学术期刊建设,在提高出版质量的同时大幅度增加刊物容量。积极推动选题策划和专家组稿工作,结合社会热点,先后推出"113、115、117、118 号元素中文命名""中医药学术语""俄语经典术语文献"等专栏,刊出《2016 年十大科技焦点名词》等文章。新设"新词摘录"栏目,详细解读"黑科技、超级月亮、货币篮子、量子通信、思维打印、无人机、空间冷原子钟"等媒体热词。

(二) 科研项目

立项开展"人文社科术语审定原则与方法""大规模真实文本中的术语自动提取技术""法律法规中的术语问题""科技立法障碍对科技名词立法路径的影响"等 7 个课题研究,服务当前术语规范化实践的需求。出版"科学技术名词规范化理论研究丛书",从多个侧面反映当前科学技术名词规范化理论建设的最新成果。

(三) 中华科技大词典编纂

中华科技大词典系列包括《中华科学技术大词典》(10 卷本)、《两岸科技常用词典》和《两岸中小学生科学词典》。《中华科学技术大词典》生物学卷和工程技术卷已完成全部编审工作并进入出版流程,数理化卷、地学卷、医学卷、农学卷、社会科学卷和人文卷先后完成三审。《两岸科技常用词典》已于 2017 年在商务印书馆正式出版。《两岸中小学生科学词典》完成词条收集工作。

第五节　语言文字信息化建设

"推进语言文字信息化建设"是《"十三五"规划》规定的五大主要任务之一。2017年,我国制定并印发《语言文字信息化关键技术研究与应用工程实施方案》,设立一系列科研项目推动相关关键技术研究,建成开通"国家语委语言资源网",并开展信息技术产品语言文字使用管理的立法调研,推动我国语言文字信息化建设取得新进展。

一、语言文字信息化研究与应用规划部署

2017年,教育部、国家语委印发《语言文字信息化关键技术研究与应用工程实施方案》,明确了工程的总体要求、工程目标、主要任务和保障措施。

工程的总体目标是:充分利用前沿信息技术,聚焦语言文字信息化关键技术难题,推动互联网环境下自然语言处理的理论创新和技术突破,着力在机器翻译、智能化语言学习、语言资源开发利用、古籍信息处理等语言文字信息化关键技术研究和应用方面取得重要进展。

工程的主要任务包括基础理论研究、关键技术研究、大数据资源建设和应用研究。具体见表2.5.1。

表 2.5.1　"语言文字信息化关键技术研究与应用工程"主要任务

	机器翻译	智能化语言学习	语言资源开发利用	古籍信息处理
基础理论研究	机器翻译方法及模型研究;面向机器翻译的语义理解研究	智能辅助语言学习理论研究		
关键技术研究	多策略和深度学习的机器翻译关键技术;系统评测技术	语言智能辅助学习技术;系统评测技术		古籍信息处理技术;系统评测技术

第二章 语言文字规范化标准化信息化建设

（续表）

	机器翻译	智能化语言学习	语言资源开发利用	古籍信息处理
大数据资源建设	多语种机器翻译语言资源建设		口语语言资源建设；语言资源共享平台建设	
应用研究	多语种机器翻译产品研发	语言智能辅助学习产品研发	多语种基础软件及应用软件研究	古籍信息化产品研发

二、语言文字信息处理研究

（一）相关科研项目取得的主要成果

2017年，国家语委资助的6个"语言文字信息化"科研项目通过结项鉴定，具体见表2.5.2。

表 2.5.2　国家语委科研规划"语言文字信息化"科研项目 2017 年结项名录

序号	项目名称	承担单位	立项时间
1	计算机字库汉字国际编码跟踪与研究	北京师范大学	2012
2	中国语情动态资源库建设	武汉大学	2013
3	计算机汉字字库制作技术的历史及发展趋势调研	北京大学	2013
4	少数民族语言文化信息元表示及抽取方法研究	云南民族大学	2013
5	面向中文信息处理的情感词语识别研究	河南城建学院	2014
6	基于彝文古籍文献的贵州传统彝文字符整理及其输入法软件开发研究	贵州工程应用技术学院	2016

——"计算机字库汉字国际编码跟踪与研究"项目追踪关注汉字、少数民族文字和古汉字计算机字库的国际编码工作，参加了国际标准化组织表意文字工作组（IRG）"《通用规范汉字表》未编码字列入 CJK[①] 编码字符集"的提案讨论并顺利完成编码，成功推动甲骨文、小篆计算机字库国际编码列入国际标准化组织专门负责文字编码的分委员会（WG2）的正式议程；同时，对已经编码的汉字字符集建立数据库，并基于汉字编码字符集进行了相关理论研究和文字整理研究。

---

① 中日韩统一表意文字。

——"中国语情动态资源库建设"项目持续收集、储存 2009—2016 年共 8 年的重要语情信息,涵盖文本、视频、图像等形式,包括"语言动态""语言生活动态""语言事件与活动""语言应用"4 个子库,具有多媒体数据录入与管理、语情资源分类浏览、通用检索和高级检索等功能,构建了一个持续记录中国语情、研究中国语言生活的多功能动态资源平台。

——"计算机汉字字库制作技术的历史及发展趋势调研"项目整理以技术为主线的计算机汉字字库制作技术的演变历史,分析计算机汉字字库制作技术未来的发展趋势,提出"基于传统的图形图像处理方法的字库制作技术很难再有较大的提高,未来汉字字库制作技术的发展,将基于人工智能和大数据运算等新技术而实现",建议加强对汉字字形计算理论和方法的研究,从源头创新,通过产学研结合,推动计算机汉字字库制作技术的发展。

——"少数民族语言文化信息元表示及抽取方法研究"项目调研彝族、傣族和拉祜族等语言状况,收集大量民族语言资料,构建了相关数据库,开发了对应的多媒体词汇库及应用词典,实现了民族语言对应查询。

——"面向中文信息处理的情感词语识别研究"项目研究 Web 信息观点挖掘中评价特征及其关系的抽取,探讨基于规则与共现概率的专有名词识别方法,提出一种基于词语释义的通用情感词语识别方法并构建了通用情感词典[1],还提出一种基于关联规则的语境情感搭配词组挖掘方法[2]。

——"基于彝文古籍文献的贵州传统彝文字符整理及其输入法软件开发研究"项目基于彝文工具书和彝语文教材,搜集整理彝文常用字,进一步完善了传统彝文常用字系统;基于翻译出版的贵州传世经典彝文古籍文献,以及相关单位馆藏彝文古籍,搜集、整理出彝文古籍文献中的传统彝文字符,全面反映了贵州彝语文用字的真实情况。在此基础上,对《新整理的传统彝文字符属性表》进行标注,扩展《信息技术 贵州传统彝文编码字符集·大字符集》至 11,583 个字符,开发了传统彝文印刷字体、扩展传统彝文大字库,进一步完善了传统彝文计算机笔画输入方案、开发了传统彝文笔画输入法软件。

---

[1] 首先利用特征线性融合的方法计算词语所有释义的情感色彩,然后再利用多次循环的策略从候选情感词语中识别出通用情感词语,构建一个适用于任何领域的通用情感词典。

[2] 首先利用关联规则技术从特定领域的语料中挖掘出与语境情感词具有搭配关系的常用词语组合,再根据搭配词组的上下文信息识别其倾向性。

第二章 语言文字规范化标准化信息化建设

（二）相关科研项目年度立项情况

2017年，我国主要科研基金（规划）在语言文字信息处理研究方面共立项133个科研项目。其中：国家语委科研规划18个，国家自然科学基金75个，国家社会科学基金17个，教育部哲学社会科学规划23个。研究内容涉及机器翻译、情感计算、计算语言学、人机对话、社会计算、自然语言理解、语音技术、语言资源建设、文字处理与识别、知识图谱、教育技术软件与调研等方面。具体见表2.5.3。

表2.5.3　2017年我国主要科研基金语言文字信息处理研究立项项目

立项领域	语委	自科	社科	教育部哲社	合计
机器翻译	4	4	-	3	11
情感计算	1	7	-	-	8
计算语言学	2	16	4	11	33
人机对话	-	5	-	-	5
社会计算	-	9	-	1	10
自然语言理解	1	17	1	-	19
语音技术	1	4	-	-	5
语言资源建设	4	2	6	4	16
文字处理与识别	2	5	-	-	7
知识图谱	1	6	-	-	7
教育技术	-	-	6	4	10
软件与调研	2	-	-	-	2
合计	18	75	17	23	133

其中，国家语委科研规划所立18个项目占年度全部科研项目的26.47%，比上年增长3.47个百分点。立项名录见表2.5.4。

表2.5.4　2017年国家语委科研规划"语言文字信息化"科研项目立项名录

序号	项目名称	承担单位
1	国产多语种桌面操作系统通用规范研制	新疆大学
2	蒙汉文本机器翻译关键技术研究	中央民族大学
3	手语主持语料库建设与国家通用手语媒体推广策略研究	江苏师范大学
4	《信息处理用现代汉语词类标记规范》修订	北京师范大学
5	面向二语的汉语口语水平智能评价关键技术研究	北京语言大学
6	北疆地区维、哈、锡、汉四种语言多媒体口语平行句库建设	新疆伊犁师范学院
7	汉语智能写作关键技术研究及应用	北京信息科技大学

(续表)

序号	项目名称	承担单位
8	基于多策略的乌兹别克语—汉语机器翻译技术研究	新疆大学
9	中亚东干语语料库建设及跨境濒危汉语资源保护研究	西北师范大学
10	可变字体技术的研究	北京大学
11	融入多层次语义结构的神经网络机器翻译模型研究与实现	厦门大学
12	基于国家安全与公共服务的民族语文智能语音翻译系统研发工作研究	中国民族语文翻译局
13	中华经典诗词知识图谱构建技术研究	中国科学院软件所
14	台湾语言文字信息处理发展状况调查研究	教育部语用所
15	"汉语助研"语料建库检索统计一体化系统	暨南大学
16	情感词语知识库、语料库建设及应用	河南城建学院
17	中国学习者英语花园幽径句的计算语言学研究	广东外语外贸大学
18	模块结构驱动的未知甲骨字场景预测研究	安阳师范学院

三、少数民族语言文字信息化

(一) 技术评测

中国中文信息学会在第十六届少数民族语言文字信息处理学术研讨会[①]期间,组织了第一届"民族语言自动分词评测"(MLWS2017)活动。评测包括蒙古文、藏文、维吾尔文三个语种的文本自动分词技术,评测采用开放测试形式,共28家单位和个人参赛。词评测任务包括受限训练任务(Close Track)和非受限训练任务(Open Track),评测性能包括分词精度与分析速度两个方面。评测所提供的语料均为新闻领域语料,其中蒙古文包括5万句训练语料、5万句测试语料,藏文包括1万句训练语料、1万句测试语料,维吾尔文包括5万句训练语料、5万句测试语料。

(二) 机器翻译及辅助机器翻译系统

少数民族语机器翻译相关技术在2017年取得较大进展,开发了包括蒙、藏、维、哈、朝、彝、壮等多种"少数民族语—国家通用语"机器翻译及辅助翻译系统和

---

① 2017年9月21—22日在广西召开。

软件,具体见表 2.5.5。

表 2.5.5　2017 年开发的民族语文机器翻译及辅助机器翻译系统

应用名称	研发单位	语言
汉维辅助翻译系统	新疆大学、新疆多语种信息技术重点实验室	汉维
维汉实时翻译	中国民族语文翻译局、东北大学自然语言处理实验室	维汉
语音转写通	中国民族语文翻译局、清华大学、新疆大学、北京捷通华声语音技术有限公司	维汉、哈汉
搜狗浏览器维汉专版	中国民族语文翻译局、北京搜狗科技发展有限公司	维汉
民汉对话通	中国民族语文翻译局、清华大学、新疆大学等	蒙汉、哈汉、朝汉、彝汉、壮汉、维汉
藏汉计算机辅助翻译平台	国家语言资源监测与研究少数民族语言中心①	藏汉
民汉机器翻译系统	民族语言中心	藏汉、蒙汉、维汉
蒙汉机器翻译系统	民族语言中心、呼和浩特民族学院	蒙汉

(三) 相关项目进展

6月8日,由青海省海南藏族自治州藏文信息技术研究中心承担的藏文信息化平台建设项目"云藏藏文搜索引擎系统平台建设"通过验收,标志着青海省藏文搜索引擎基本建成。

9月16日,由中央民族大学和呼和浩特民族学院共同承担的2017年度内蒙古自治区蒙古语言文字信息化专项扶持重点项目"融合大数据与多语言开放域的蒙汉文知识图谱构建及其应用技术共享服务平台"论证会在呼和浩特民族学院召开,会上展示了项目的阶段性成果"蒙汉在线机器翻译系统"。目前,该系统研究进展顺利,已处理完成蒙汉平行语料近40万句对,取得了阶段性成果。

四、语言文字信息技术与产品研发

2017年,我国语言文字信息处理技术与产品研发取得新进步。7月20日,国

---

① 国家语委科研机构之一,设在中央民族大学。简称"民族语言中心"。

务院发布《新一代人工智能发展规划》,强调:自然语言处理技术要重点突破自然语言的语法逻辑、字符概念表征和深度语义分析的核心技术,推进人类与机器的有效沟通和自由交互,实现多风格多语言多领域的自然语言智能理解和自动生成;要重点研究短文本的计算与分析技术,跨语言文本挖掘技术和面向机器认知智能的语义理解技术,多媒体信息理解的人机对话系统;大数据智能理论要建立数据驱动、以自然语言理解为核心的认知计算模型,形成从大数据到知识、从知识到决策的能力。

2017年涌现的亮点技术与产品见表2.5.6。

表2.5.6　2017年语言文字信息技术与产品研发亮点(不完全例举)

序号	亮点技术与产品	说明
1	智能音箱	智能音箱是语言信息处理技术接入家居生活的重要入口。2017年,阿里、小米、京东、百度都推出了智能音箱产品。国内市场同比增长178%。
2	人机交互	搜狗公司推出新一代人机交互方式"唇语识别",在驾驶、家居等环境下准确率达到90%以上。
3	机器阅读	机器阅读理解能力显著提高,科大讯飞与哈工大联合实验室参加国际权威自动阅读理解技术评测(SQuAD)并获得冠军。
4	智能写作	微软聊天机器人"小冰"与"诗人同盟"同台竞技,成绩不俗。楹联机器人"小薇"挑战人类冠军,互有胜负。清华大学古诗机器人"九歌"挑战"中华好诗词"和"诗词大会"冠军,多次晋级。
5	机器翻译	百度共享无线网络翻译机上市,可在全球80多个国家提供面向出境游的机器翻译服务。
6	智能问答	答题机器人频繁亮相。搜狗答题机器人旺仔亮相电视答题、AIGMATHS系统挑战高考数学取得105分(150满分)、百度开发"简单搜索"手机应用程序,助力各类答题直播活动。
7	辅助教学	阿里巴巴技术团队开发的"阿里AI"中介语作文智能批改系统在中文中介语作文自动批改国际技术评测(CGED)中获得冠军,并在浙江外国语学院投入试运行,自动批改留学生汉语作文。

五、"国家语委语言资源网"建设

"国家语委语言资源网"是国家语委贯彻《"十三五"规划》,落实"建设国家语言资源服务系统,促进语言资源的开放与共享"任务的重要举措;是汇聚优质语言资源,促进语言资源共建、共享与传播,提升语言资源开放利用效能,推动语言

第二章 语言文字规范化标准化信息化建设

资源全球化、规范化、标准化、个性化和信息化发展的网络平台。

"国家语委语言资源网"由国家语委主导建设,由国家语言资源监测与研究网络媒体中心(简称"网络媒体中心")[①]具体承建,目标是打造成语言资源领域重要的信息门户。2017年12月,"国家语委语言资源网"完成建设,上线运行[②]。

"国家语委语言资源网"包括语言资源、语言学专家、软件服务、书籍期刊、法规标准等栏目,提供资源上传和站内资源检索等服务。目前已汇集19个国家语委科研机构共48种语言资源及软件服务,以及来自其他高等院校与研究所、社会机构、个人等开放的各类语言资源及软件服务200余个;同时,汇集语言研究相关书籍期刊资源300余项,收录语言文字政策文件、规范标准200余项,介绍国内知名语言学专家400余人。

未来,资源网将遵循"先内后外、逐步优化、分期进行、边建设边完善"的原则,在为社会提供服务的同时,通过不断补充完善和改进提升,发挥好语言资源领域重要信息门户的作用。

上线以来获得较多关注的语言资源和软件见表2.5.7。

表2.5.7 "国家语委语言资源网"部分高访问量语言资源

名称	建设单位
北京语言大学语料库中心(BCC)语料库	北京语言大学大数据与教育技术研究所
少数民族语言技术评测语料库	民族语言中心
中国语言文字规范标准知识库	北京语言大学中国语言政策与标准研究所
全球汉语中介语语料库	北京语言大学语言科学院
国家语言资源动态流通语料库(DCC)	国家语言资源监测与研究平面媒体中心[③]
国家语委现代汉语平衡语料库	教育部语言文字应用研究所
现代汉语教材语料库	教育教材中心
媒体语言语料库(MLC)	国家语言资源监测与研究有声媒体中心[④]
全球华语语料库	海外华语研究中心[⑤]
蒙、藏、维、哈九年义务教育双语教育教材语料库	少数民族语言中心
中国语情动态资源数据库	中国语情与社会发展研究中心[⑥]

---

① 国家语委科研机构之一,设在华中师范大学。
② 网址:http://www.clr.org.cn/。
③ 国家语委科研机构之一,设在北京语言大学。简称"平面媒体中心"。
④ 国家语委科研机构之一,设在中国传媒大学。简称"有声媒体中心"。
⑤ 国家语委科研机构之一,设在暨南大学。简称"海外华语中心"。
⑥ 国家语委科研机构之一,设在武汉大学。简称"语情研究中心"。

六、信息技术产品语言文字使用管理立法调研

规范信息技术产品中的语言文字使用,对提高社会语言文字规范化水平、建设和谐语言生活,服务国家信息化进程,具有重要意义和现实紧迫性。调查显示,当前信息技术产品中的语言文字使用不规范现象还比较突出,既有形式失范,也有内容失范,既有相关产品处理语言文字过程中的失范问题、也有社会通过信息技术产品使用语言文字过程中的失范问题。我国目前除了《国家通用语言文字法》第十五条的原则性规定[①],尚无规范信息技术产品语言文字使用的专门法规规章,信息化领域的法律法规及规章中也鲜有相关的实体性规定。为规范信息技术产品中的语言文字使用,教育部、国家语委决定开展《信息技术产品语言文字使用管理规定》立法调研。项目列入《教育部规章立法规划(2011—2020年)》。2017年,形成"征求意见稿(草案)"。

"征求意见稿(草案)"共二十四条,明确了立法目的、适用范围,以及信息技术产品语言文字使用的原则性要求;明确了教育行政(语言文字工作)部门、工业和信息化部门、质量技术监督部门、新闻出版部门的管理职责;规定了不同形态的信息技术产品语言文字使用的具体规范要求;结合各相关行业部门现有管理制度和语言文字使用管理特点,针对不同形态的信息技术产品规定了相应的管理措施和制度;同时,针对不同违法情形规定了应承担的法律责任。

---

① 《国家通用语言文字法》第十五条规定:"信息处理和信息技术产品中使用的国家通用语言文字应当符合国家的规范和标准。"

第三章 语言资源科学保护

语言是国家的战略资源。"科学保护各民族语言文字"是党的十七届六中全会首次提出、《规划纲要》和"十三五"规划》明确规定的重要任务。2017年,我国继续扎实推进中国语言资源保护工程,努力促进少数民族地区双语和谐,切实加强少数民族语言资源保护与建设,在"科学保护各民族语言文字"方面取得了新的重要进展。特别是总任务量多达1,500个调查点的语保工程完成进度已超过70%,列入"十三五"国家重点图书出版规划项目、多达20卷的《中国语言文化典藏》丛书问世等,成效显著,亮点纷呈。

第一节 中国语言资源状况

我国是当今世界上语言资源最丰富的国家之一,拥有汉藏、阿尔泰、南岛、南亚和印欧五大语系的100多种语言[①],包括汉语和少数民族语言。

一、汉语资源

汉语是我国使用人口最多的语言,包括普通话和方言。普通话是我国的国家通用语言,方言复杂繁多。

汉语方言有层级之分,大方言传统上分为7个,最新研究分为10个,包括北方方言(官话)、晋方言、吴方言、闽方言、客家话、粤方言、湘方言、赣方言、徽方言、平话和土话。各方言区内又分布着若干次方言和许多种"土语",如北方方言(官话)有8种较大的次方言,包括东北官话、北京官话、冀鲁官话、胶辽官话、中原官话、兰银官

---

① 中国社会科学院民族学与人类学研究所孙宏开等著的《中国的语言》(北京,商务印书馆,2007)列有129种语言。

话、江淮官话、西南官话。

汉语方言区域分布具体见表 3.1.1。

表 3.1.1　汉语方言区域分布

方言区		主要分布省（市、区）
北方方言（官话）	东北官话	黑龙江、吉林、辽宁、内蒙古
	北京官话	北京、天津、河北、辽宁、内蒙古
	冀鲁官话	北京、天津、河北、山东、山西
	胶辽官话	山东、辽宁、黑龙江
	中原官话	河南、河北、山东、江苏、安徽、陕西、山西、甘肃、宁夏、青海、四川、新疆
	兰银官话	甘肃、宁夏、新疆
	江淮官话	安徽、江苏、浙江、湖北、江西
	西南官话	湖北、湖南、四川、重庆、陕西、云南、贵州、广西、西藏
晋方言		山西、陕西、内蒙古、河北、河南
吴方言		上海、江苏、浙江、安徽、江西、福建
闽方言		福建、浙江、江西、台湾、广东、海南、广西
客家话		江西、湖南、福建、广东、香港、台湾
粤方言		广东、广西、香港、澳门
湘方言		湖南、广西
赣方言		江西、湖南、湖北、安徽、福建
徽方言		安徽、浙江、江西
平话和土话		湖南、广西、广东

二、少数民族语言资源

我国共有 100 多种少数民族语言，分别属于汉藏、阿尔泰、南岛、南亚和印欧五大语系，朝鲜语系属未定。汉藏语系所含语言数量最多，其次为阿尔泰语系；印欧语系所含语言数量最少，只有塔吉克语和俄罗斯语 2 种。

我国少数民族各语系语言总的地理分布范围具体见表 3.1.2。

表 3.1.2 我国少数民族各语系语言总的地理分布范围

语系语族		总的地理分布范围
汉藏语系	藏缅语族	北起甘肃肃南县,南至云南勐腊县,西起西藏札达县,东到湖南泸溪县
	侗台语族	北起湖北恩施市,南至海南三亚市,西起云南瑞丽市,东到广东怀集县
	苗瑶语族	北起湖北宣恩县,南至海南保亭县,西起云南保山市,东到广东海丰县
阿尔泰语系	突厥语族	北起新疆哈巴河县,南至新疆和田县,西起新疆阿克陶县,东到甘肃夏河县
	蒙古语族	北起内蒙古鄂伦春旗,南至甘肃临夏县,西起新疆昭苏县,东到黑龙江黑河市
	满通古斯语族	北起内蒙古根河市,南至新疆察布查尔县,西起新疆察布查尔县,东到黑龙江同江市
南亚语系		北起云南保山市,南至云南勐腊县,西起云南瑞丽市,东到广西东兴市
南岛语系		台湾东部和中部山区以及海南三亚市羊栏镇
印欧语系		塔吉克语集中分布在新疆喀什地区塔什库尔干塔吉克自治县;俄罗斯语零散分布在新疆乌鲁木齐市、塔城地区、伊犁哈萨克自治州等地
朝鲜语(系属未定)		北起黑龙江嫩江县,南至辽宁东港市,西起辽宁盘锦市,东到黑龙江饶河县

第二节 中国语言资源保护工程

2017年，我国继续扎实推进以记录保存汉语方言和少数民族语言为核心任务的中国语言资源保护工程。

一、中国语言资源调查

工程全年共设432个田野调查点，覆盖全国30个省（区、市）的汉藏、阿尔泰、南亚三大语系的语言、方言和一种混合语言，比上年增加134个。2015年工程启动以来，已有1,073个调查点的调查工作通过专家验收，完成率71.53%。工程完成进度见表3.2.1。

表3.2.1 中国语言资源保护工程完成进度（截至2017年底）

调查点	计划数	已完成数	完成率
汉语方言调查点	900	693	77.00%
少数民族语言调查点	300	188	62.67%
濒危语言方言调查点	200	117	58.50%
语言方言文化调查点	100	75	75.00%
合计	1,500	1,073	71.53%

（一）汉语方言调查

工程全年共设342个汉语方言类调查点，覆盖全国29个省（区、市）和各大方言区，比上年增加144个。2017年汉语方言类调查点具体见表3.2.2。

表3.2.2 2017年中国语言资源保护工程汉语方言类调查点

序号	省（区、市）	一般调查点	濒危方言调查点	方言文化调查点	合计
1	天津	-	-	1	1
2	河北	14	-	-	14
3	山西	15	2	1	18
4	内蒙古	5	-	-	5

(续表)

序号	省（区、市）	一般调查点	濒危方言调查点	方言文化调查点	合计
5	辽宁	4	-	-	4
6	吉林	4	-	-	4
7	黑龙江	7	-	-	7
8	江苏	-	1	-	1
9	浙江	20	2	1	23
10	安徽	15	-	-	15
11	福建	17	2	2	21
12	江西	20	1	-	21
13	山东	16	-	1	17
14	河南	10	1	1	12
15	湖北	21	1	-	22
16	湖南	28	-	1	29
17	广东	19	2	1	22
18	广西	5	-	-	5
19	海南	3	1	-	4
20	重庆	10	-	-	10
21	四川	44	-	1	45
22	贵州	8	-	-	8
23	云南	5	-	-	5
24	陕西	10	-	-	10
25	甘肃	10	-	1	11
26	青海	2	-	-	2
27	宁夏	2	1	-	3
28	新疆	2	-	-	2
29	台湾	1	-	-	1
	合计	317	14	11	342

（二）少数民族语言调查

工程全年共设 90 个少数民族语言类调查点，覆盖全国 14 个省（区、市）的汉藏、阿尔泰、南亚三大语系的语言、方言和一种混合语言。2017 年少数民族语言类调查点具体见表3.2.3。

表3.2.3 2017年中国语言资源保护工程少数民族语言类调查点

序号	省（区、市）	一般调查点	濒危方言调查点	语言文化调查点	合计
1	内蒙古	4	—	1	5
2	辽宁	1	—	—	1
3	湖南	1	—	—	1
4	广东	1	—	1	2
5	广西	4	2	3	9
6	海南	3	—	—	3
7	重庆	1	—	—	1
8	四川	10	2	—	12
9	贵州	10	—	—	10
10	云南	18	6	2	26
11	西藏	3	2	—	5
12	甘肃	2	—	—	2
13	青海	2	1	1	4
14	新疆	8	—	1	9
	合计	68	13	9	90

二、中国语言资源平台建设

2017年，工程通过中国语言资源保护工程采录展示平台和中国方言文化典藏多媒体资料库两大多媒体语言资源库，持续汇聚展示和在线收集中国语言资源。

(一) 中国语言资源保护工程采录展示平台

采录展示平台的主要任务是保存和管理大规模汉语方言和少数民族语言各调查点采集的多媒体数据，利用科学化、规范化的技术手段，完成所有语言资源的数字化、存储管理、整理分析和应用展示等，建设成大规模、可持续增长的多媒体语言资源库。

平台包括专家平台和公众平台两个系统。专家平台利用地理信息系统和非

结构化数据库等技术,实现对语言资源多媒体数据的存储管理、高效查询以及专业化、学术化的数据分析。截至 2017 年底,专家平台汇集展示了除港澳台地区以外的 31 个省(区、市)的 620 个调查点的 3,346 位发音人的音视频资源,具体见表 3.2.4。总物理容量超过 25TB(百万兆字节)。公众平台累计收集音视频资源超过 3,000 条,月访问量约 2 万人次。

表 3.2.4 "专家平台"音视频资源(截至 2017 年)

类别	调查点(个)	发音人(位)	音频资源(条)	视频资源(条)
汉语方言类	470	2,925	1,330,609	795,193
少数民族语言类	150	421	623,853	623,806
合计	620	3,346	1,954,462	1,418,999

(二)中国方言文化典藏多媒体资料库

中国方言文化典藏多媒体资料库包括前台网络展示系统和后台数据管理系统两大部分。前台网络展示系统以网页的形式将所调查的方言文化资料发布在互联网上,供用户浏览和使用;后台数据管理系统存放在服务器端,主要用于保存和管理所调查的方言文化资料。该资料库在设计与开发时突出强调了可扩展性、稳定性、高效性和社会性,具有数据入库校验、数据管理检索、数据交互展示等功能。

目前,资料库已收录各大方言区调查点的方言文化资料,内容包括各调查点方言概述、音系,以及调查条目的文字、音标、录音、视频、图片等资料。截至 2017 年底,总体语料包含音频文件 17,100 余个,视频文件约 16,200 余个,图片 14,000 余张。

三、中国语言资源保护研究

2017 年,工程深入开展语言资源保护研究,召开第四届中国语言资源国际学术研讨会,打造一批标志性成果。《中国语言文化典藏》(20 卷)出版完成,《中国濒危语言志》的编写出版工作启动。

(一)《中国语言文化典藏》

《中国语言文化典藏》丛书是"十三五"国家重点图书出版规划项目,是中国

第三章 语言资源科学保护

语言资源保护工程的标志性成果,于12月由商务印书馆正式出版。丛书共20卷,包括澳门、潮州、杭州、衡山、怀集、怀集(标话)、江山、金华、井陉、连城、泸溪、清徐、寿县、苏州、濉溪、遂昌、藤县、屯溪、宜春、永丰。

丛书把各地的方言和文化现象(包括地方名物、民俗活动、口彩禁忌、俗语谚语、民间文艺等)记录下来,并采用多媒体技术进行保存和展示。具体分为9个大类:房屋建筑、日常用具、服饰、饮食、农工百艺、日常活动、婚育丧葬、节日、说唱表演。

丛书具有两大特点:(1)图文并茂,每本书以调查点为单位,以调查条目为纲,收录方言文化图片及其方言名称(汉字)、读音(音标)、解说,以图带文,一图一文,图文并茂,每卷收图600幅左右;(2)电子和纸质(EP)同步,图书条目后附二维码,阅读时可用手机扫码在线访问方言条目的录音、视频,实现音像图文四位一体的阅读体验。

(二)《中国濒危语言志》

《中国濒危语言志》丛书是中国语言资源保护工程的另一标志性成果。丛书分"少数民族语言"和"汉语方言"两个系列。2017年已完成30本书稿初稿,其中濒危少数民族语言20种,濒危汉语方言10种。《中国濒危语言志》将由商务印书馆出版发行。

(三)中国语言资源国际学术研讨会

中国语言资源国际学术研讨会创办于2014年,每年一次,已分别在北京、贵州都匀、湖南长沙、陕西西安连续举办四届。每次会议围绕语言资源的调查研究、保护开发应用等主题展开讨论。

第四届会议于2017年9月23—24日在陕西西安举行,来自中国、德国、日本、印度、新加坡的120余名专家学者围绕"社会化理念下的语言资源保护"的主题,就中国语言资源保护工程成果、语言资源社会应用、语言文化开发应用三项议题进行研讨。

四、中国语言资源保护工程管理

为确保中国语言资源保护工程顺利实施,教育部、国家语委组织研制系列

调查和建设相关规范标准。经广泛征求意见和试用，2017年决定在语保工程建设中全面施行。其中调查相关规范标准2项、建设相关规范标准4项。具体见表3.2.5。

表 3.2.5　中国语言资源保护工程调查和建设相关规范标准（2017年发布）

类别	名称
调查相关规范标准	1. 中国语言资源调查手册·汉语方言 2. 中国语言资源调查手册·民族语言
建设相关规范标准	1. 中国语言资源保护工程工作规范 2. 中国语言资源保护工程验收规范 3. 中国语言资源保护工程建库规范 4. 中国语言资源保护工程汉语方言用字规范

第三节　少数民族语言资源保护与建设

2017年,国家民委、国家新闻出版广电总局、文化部等部门全面贯彻落实党和国家关于少数民族语言文字的方针政策,深入开展双语和谐乡村(社区)建设,积极推动少数民族语言文字公共服务,切实加强少数民族语言文字出版广播影视和语言文化资源建设工作,努力构建主体性和多样性统一的和谐语言生活,通过加强基础建设、促进国家通用语和少数民族语双语和谐,不断提升少数民族语言资源保护的科学性和有效性。

一、少数民族语言文字方针政策宣传贯彻

为全面贯彻落实党和国家关于少数民族语言文字的方针政策,3月17日,国家民委印发新中国成立以来第一份少数民族语言文字工作规划《国家民委"十三五"少数民族语言文字工作规划》,明确了"十三五"期间我国少数民族语言文字工作的指导思想、基本原则、发展目标、主要任务、重点项目、组织实施和保障措施。"十三五"少数民族语言文字工作主要任务与重点项目具体见表3.3.1。

表3.3.1　"十三五"少数民族语言文字工作主要任务与重点项目

主要任务	重点项目
一、大力推进少数民族语言文字法治化建设	1. 宣传贯彻党和国家关于少数民族语言文字的方针政策
	2. 推动各有关地区加强少数民族语言文字工作法治化建设
二、加强少数民族语言文字的基本情况调查与科研工作	3. 配合开展全国语言文字使用现状调查项目工作
	4. 加强少数民族语言文字科研工作
三、大力加强双语人才队伍建设	5. 建设双语人才基地
	6. 推进双语人才培养培训
四、配合推进少数民族语言文字规范化标准化信息化建设	7. 少数民族语言文字信息化建设项目
五、加强少数民族语言文字公共服务	8. 双语和谐乡村(社区)建设项目
	9. 少数民族语言文字服务能力建设项目

(续表)

主要任务	重点项目
六、科学保护少数民族语言文字与传承弘扬中华优秀文化	10.少数民族濒危语言保护项目
七、加强少数民族语言文字翻译出版广播影视工作	11.少数民族语言文字翻译项目
	12.国家级民族语文翻译基地建设项目

二、少数民族地区双语和谐

(一) 全国双语和谐乡村(社区)示范点建设

2017年,国家民委、教育部确定第二批全国双语和谐乡村(社区)示范点建设单位名单并正式启动建设。第二批共建设9个示范点,涵盖12种少数民族语。12月,国家民委、教育部、国家语委联合下发《关于开展全国双语和谐乡村(社区)示范点建设工作的指导意见》,进一步规范化、常态化、科学化推进双语和谐乡村(社区)示范点建设工作。第二批全国双语和谐乡村(社区)示范点建设单位名单见表3.3.2。

表3.3.2 第二批全国双语和谐乡村(社区)示范点建设单位名单

序号	示范点名单
1	内蒙古自治区兴安盟科尔沁右翼前旗乌兰毛都苏木
2	辽宁省阜新市阜新蒙古族自治县佛寺镇
3	吉林省延边朝鲜族自治州珲春市新安街道长安社区
4	四川省凉山彝族自治州喜德县两河口镇两河口村
5	贵州省黔东南苗族侗族自治州黎平县双江镇四寨村
6	云南省西双版纳傣族自治州景洪市勐罕镇
7	青海省海北藏族自治州刚察县沙柳河镇
8	广西壮族自治区河池市东兰县武篆镇
9	新疆维吾尔自治区伊犁哈萨克自治州伊宁市都来提巴格街道托特科瑞克社区

(二) 双语人才队伍建设

2017年,国家民委牵头,联合中央组织部、国家发改委、教育部、财政部、工业和信息化部、国家公务员局,启动双语人才队伍建设专题调研工作。书面调研覆盖12个民族语文工作重点省区和建设兵团,以及最高人民法院、最高人民检察院、教育部、公安部、国家安全部、国家新闻出版广电总局6个重点部门。实地调研于11下旬至12月上旬全面开展,覆盖6个重点省区和建设兵团。该调研是新中国成立以来第一次国家层面组织开展的双语人才队伍建设专题调研,将为国家加强双语人才队伍建设提供重要决策依据。

(三)双语公共服务志愿者队伍建设

为贯彻落实党的十九大"完善公共服务体系,保障群众基本生活,不断满足人民日益增长的美好生活需要"的要求,服务城乡居民双语学习需求,2017年,国家民委牵头,联合中央宣传部、中央文明办、教育部、共青团中央,启动双语公共服务志愿者队伍建设工作,计划从2018—2020年,在国家层面建立10支左右大学生双语志愿服务团。双语公共服务志愿者队伍建设工作是近年来民族语文工作的重要创新,将进一步充实有关地区和领域干部群众双语学习的支撑力量,为促进双语和谐、民族团结起到重要作用。

三、少数民族语言文字出版与广播影视

(一)少数民族文字出版

2017年,国家新闻出版广电总局认真组织实施《国家重点出版物出版规划》,积极推进少数民族语言文字出版工作,科学保护各民族语言文字,促进民族文化传承。

以重点项目带动精品生产。继续有序推进列入国家出版规划的162个少数民族语言文字重点项目。同时加强对国家出版规划的动态管理,根据形势要求,及时补充新增33个少数民族语言文字项目,撤销1个无法完成的项目,调整后少数民族语言文字重点项目达到194个,涉及20余种少数民族语言文字。

加强资金资助和政策扶持。积极推动民族地区1,500种民文和双语优秀出版物得到中央财政资助。通过中央投资支持民族地区63家少数民族文字图书报刊出版单位配置数字化加工管理发送设备,为34家主要民文出版物印刷单位配置更新印刷设备,支持77家未达标的县级新华书店改扩建业务用房,为304个新华书店配备流动售书车。积极推进少数民族新闻出版东风工程、少数民族

文化数字出版促进工程，成立国家吉林民文出版基地。

开展百种优秀民族图书推荐活动。与国家民委共同组织开展第四届"向全国推荐百种优秀民族图书"活动，经出版单位申报、专家论证、社会公示，将于2018年上半年公布推荐图书名单。

（二）少数民族语言广播

据《2017中国广播电视年鉴》，2016年以来，中央和有关省区广播电台不断丰富少数民族语言广播的语种。

中央人民广播电台民族语言广播先后在朝鲜语广播、维吾尔语广播、哈萨克语广播、蒙古语广播、藏语广播陆续上线推出一批翻译栏目，用民族语言翻译、播出台内中国之声、经济之声、中国乡村之声、音乐之声等频率精品栏目的优秀节目，内容涉及新闻、专题、音乐等。中央人民广播电台民族语言广播共享台内优秀节目内容，拓展了民族语言广播的节目资源，更好地向少数民族群众宣传党中央的方针政策。

甘肃广播电台在原有甘南广播电视台综合广播一套节目的基础上，又增加了一套纯藏语广播即甘南广播电视台安多藏语广播，并对原有的藏汉双语混播的综合频率进行全面改版扩容，更名为汉语综合广播，全天播出8小时10分。安多藏语广播播出的节目主要由新闻、专题、文艺，以及转播中央人民广播电台藏语节目和甘肃人民广播电台新闻节目4个部分组成。设有《甘南新闻》《大美甘南》等30多个新闻、专题节目。

云南人民广播电台民族广播办有德宏傣语、西双版纳傣语、傈僳语、景颇语、拉祜语5种少数民族语言广播和汉语普通话节目。楚雄州广播电台继续办好每周一期的《彝语新闻》栏目，每期时长10分钟。彝语编译播出主要使用彝语东部方言，从新闻采编播译等环节，突出新闻要素，突出地域元素，彰显彝族特色，编辑播出50期《彝语新闻》。

云南文山广播电视台少数民族语言广播节目继续保持壮语、苗语、瑶语3种语言译制播出，3个语种的《广播新闻》每天一组，每组20分钟，广播电视节目播出内容涵盖中央、省级媒体以及当地媒体播出的涉及国家大政方针政策、国计民生、基础设施建设、医疗服务、教育发展等有关政策措施及成效。

（三）少数民族语电影

按照《少数民族语公益电影数字化译制、发行、放映工作实施细则》的规定，国家新闻出版广电总局每年组织推荐不少于 80 部影片（60 部故事片、20 部科教片），供各译制中心选择译制相应的少数民族语言。2017 年组织提供 99 部影片（其中故事片 78 部、科教片 21 部），供各少数民族语电影译制中心选择译制。全国 10 个省区的 11 个译制中心全年完成 38 个语种或方言共计 1,046 部次影片的译制，其中故事片 638 部次、科教片 408 部次。全年完成 947 部已译制影片的发行版制作，其中 836 部已放在国家新闻出版广电总局电影数字节目管理中心的订购平台上由各地选择订购。全年全国订购完成译制的影片超过 20.4 万场。

四、少数民族语言文化信息视频资源

2017 年，文化部在全国文化信息资源共享工程①资源建设中，进一步加强少数民族语言文化信息资源建设，取得丰硕成果。到 2017 年底，工程共建设完成少数民族语言文化信息视频资源 14,487 小时。同时，成立新疆、西藏、内蒙古三个少数民族语言资源建设中心，不断丰富少数民族文化信息资源译制的种类和数量。

此外，《公共文化服务保障法》自 2017 年 3 月 1 日起正式施行。该法第四十条明确规定："国家加强民族语言文字文化产品的供给，加强优秀公共文化产品的民族语言文字译制及其在民族地区的传播。"为进一步加强少数民族语言文化信息资源建设提供法律保障。

五、少数民族语言文字网站资源

少数民族语言文字网站是广大少数民族群众获取信息的重要渠道，也是科学保护我国少数民族语言文字的重要平台。经过近 20 年的发展，我国少数民族语言文字互联网已进入平稳发展期。2017 年，我国共有少数民族语言文字网站 1,140 个，较 2013 年统计时增长 109 个；覆盖 11 个少数民族的 12 种文字，其中维吾尔文网站最多达 732 个，其次是藏文网站为 144 个；纯少数民族文字网站 843 个（占比 74%），少数民族语言文字和国家通用语言文字双语网站 297 个（占比 26%）。

---

① 全国文化信息资源共享工程是 2002 年起由文化部、财政部共同组织实施的一项国家重大文化惠民工程。工程应用现代信息技术，将中华优秀文化信息资源进行数字化加工与整合，依托各级公共图书馆、文化馆（站）等公共文化设施，通过互联网、广播电视网、无线通信网等新型传播载体，在全国范围内实现中华优秀文化资源的共建共享。

第四章 语言服务能力提升

主动关注国家战略、社会发展与民生建设中的语言需求,全面提升语言文字服务能力,是"十三五"时期国家语言文字事业创新发展的重要任务。2017年,我国重点从"一带一路"语言服务、北京冬奥会语言服务、外语服务、特殊人群语言服务等方面建设提高语言服务能力,取得明显成效。特别是《北京冬奥会语言服务行动计划》全面启动,公共服务领域英文、俄文、日文译写规范国家标准正式颁布,《中国英语能力等级量表》《国家通用手语常用词表》《国家通用盲文方案》通过国家语委审委会审定并纳入国家语委语言文字规范(GF)体系,为提升我国语言服务质量奠定坚实基础。

第一节 "一带一路"语言服务

2017年,我国继续深入推进"一带一路"语言服务相关科研工作和图书出版,取得一系列成果。

一、"一带一路"语言服务研究

(一)科研项目

2017年,我国主要科研基金(规划)批准立项"一带一路"语言文字类科研项目共11项,与上年相同。其中,国家语委科研规划"'一带一路'语言文字研究专项"批准立项4项,国家社科基金批准立项7项。

国家语委科研规划从2016年起设立"'一带一路'语言文字研究专项",当年批准立项6项,到2017年累计共10项。该专项旨在为"一带一路"建设提供语言支撑和服务,以语言互通促进"五通"的实现,主要开展与"一带一路"有关的语言政策、语言规划、语言状况调查、语言保护、语种规划、汉语传播、语言服务、语

第四章 语言服务能力提升

言产业等方面的研究。

2017年"一带一路"语言文字类科研项目具体见表4.1.1。

表4.1.1 2017年"一带一路"语言文字类科研项目

序号	项目名称	立项规划或基金
1	"一带一路"战略下语言助推中华传统文化对外传播的路径研究	国家语委科研规划专项
2	"一带一路"沿线国家孔子学院汉语传播的现状、问题与对策研究	国家语委科研规划专项
3	"一带一路"背景下闽南方言海外传播与族群认同现状调查研究	国家语委科研规划专项
4	"一带一路"背景下的对外蒙古语教育传播现状及对策研究	国家语委科研规划专项
5	"一带一路"背景下新疆周边国家语言政策对新疆语言规划的影响和对策研究	国家社科基金
6	"一带一路"背景下中亚五国汉语传播的国别比较研究	国家社科基金
7	"一带一路"视野下的对外汉语"AR"教学创新模式研究	国家社科基金
8	丝绸之路沿线语言比较视野中的上古汉语词汇研究	国家社科基金
9	美国对"一带一路"倡议的网络话语及我国的应对策略研究	国家社科基金
10	网络空间语境下"一带一路"跨文化分众传播与话语策略研究	国家社科基金
11	"一带一路"视域下中华武术文库外译研究	国家社科基金

(二)学术会议

2017年,我国有关部门或机构举办一系列与"一带一路"语言服务相关的学术会议和论坛,主要有中国翻译协会主办的"'一带一路'中的话语体系建设与语言服务发展论坛"等,具体见表4.1.2。

表4.1.2 2017年我国举办的"一带一路"语言服务类学术会议和论坛(不完全统计)

序号	会议名称	主办单位
1	"一带一路"中的话语体系建设与语言服务发展论坛	中国翻译协会
2	《"一带一路"语言服务市场全景式分析与行业及政策建议》发布会暨"一带一路"语言服务研讨会	察哈尔学会、中译语通·译世界

(续表)

序号	会议名称	主办单位
3	"一带一路"语言资源与智能国际学术研讨会	北京语言大学
4	"一带一路"语言文化高峰论坛	北京语言大学
5	"一带一路"开放教育资源联盟"多语言发展策略"研讨会	北京师范大学
6	第一届"一带一路"语言、教育与文化交流国际学术研讨会	新疆维吾尔自治区教育厅
7	第二届《翻译界》高端论坛暨全国"一带一路"翻译研究学术研讨会	北京外国语大学
8	"一带一路"语言铺路、翻译搭桥学术研讨会	宁夏社会科学界联合会、宁夏翻译协会
9	"一带一路"多语种翻译及国际传播研讨会	大连外国语大学、环球网
10	"一带一路"非通用语种翻译人才培养研讨会	中国外文局、中国翻译研究院
11	2017年"一带一路"东南亚语种翻译人才培养研讨会	中国外文局、广西外事侨务办公室
12	"一带一路"跨文化翻译国际学术研讨会	陕西省翻译协会
13	"一带一路"背景下翻译传译认知国际研讨会	中国翻译认知研究会
14	"一带一路"语境下翻译教学、研究与实践学术研讨会	中国翻译协会、浙江省翻译协会

二、"一带一路"语言服务图书出版

2017年,我国出版一系列服务"一带一路"建设的语言文字类图书,主要有社会科学文献出版社的《"一带一路"背景下的多语种人才培养研究》等,具体见表4.1.3。

表4.1.3 2017年出版的"一带一路"语言服务类图书(不完全统计)

序号	图书名称	主要作者	出版社
1	"一带一路"背景下的多语种人才培养研究	赵阳	社会科学文献出版社
2	"一带一路"中的语言与文化:首届"一带一路"语言与文化国际学术研讨会思想选粹	李亚林等	黑龙江大学出版社
3	"一带一路"社会文化多语图解系列词典	—	上海外语教育出版社
4	中国关键词:"一带一路"篇	中国外文局等	新世界出版社
5	"一带一路"国家语言状况与语言政策(第二卷)	王辉	社会科学文献出版社

第四章 语言服务能力提升

——《"一带一路"背景下的多语种人才培养研究》从"多语种+"卓越人才培养、"小语种"特需人才培养以及少数民族语言人才培养三个方面,对我国多语种人才培养路径及意义进行分析和研究,提出"一带一路"与多语种人才培养面临的机遇与挑战。

——《"一带一路"中的语言与文化:首届"一带一路"语言与文化国际学术研讨会思想选粹》由首届"一带一路"语言与文化国际学术研讨会的相关专家所提交论文结集而成,主题是探讨"一带一路"沿线国家语言、文学、历史、文化及相关教学问题。

——《"一带一路"社会文化多语图解系列词典》以图带词、以图解词,并按词义关系对词语进行分类。首期出版英、法、俄、阿、西、意、德、日、波兰、荷兰、罗马尼亚、土耳其、希腊13种外语分册。

——《中国关键词:"一带一路"篇》通过对"一带一路"倡议的基本情况、建设目标、合作重点、合作机制等进行系统梳理和多语种译介,向国际社会描绘"一带一路"全景,以中、英、法、俄、西、阿、德、葡、意、日、韩、越、印尼、土耳其、哈萨克共15个语种对外发布。

——《"一带一路"国家语言状况与语言政策(第二卷)》介绍"一带一路"沿线16个国家的语言状况、语言政策、语言传播、语言服务及语言问题,其中:亚洲10国,包括阿塞拜疆、哈萨克斯坦、老挝、黎巴嫩、缅甸、文莱、叙利亚、伊朗、印度、约旦;欧洲5国,包括俄罗斯、罗马尼亚、立陶宛、马其顿、斯洛伐克;非洲1国,埃及。

此外,由商务印书馆出版的《汉语图解(小)词典》2017年继续出版16个语种的图书,包括马其顿语、基隆迪语、提格雷尼亚语、绍纳语、恩德贝莱语、阿非利卡语、祖鲁语、奇契瓦语、塞苏陀语、斐济语、比斯拉马语、阿姆哈拉语、罗曼什语、毛利语、茨瓦纳语、卢旺达语。自2008年启动以来,《汉语图解(小)词典》已累计出版80个外语语种,为"一带一路"沿线的汉语国际传播发挥了积极作用。

第二节 外语服务

2017年,我国外语服务能力建设取得重大进展,高校开设外语专业语种数快速增长,国家外语人才资源动态数据库建设发布重要成果,公共服务领域英文、俄文、日文译写规范国家标准研制完成,《中国英语能力等级量表》通过审定。此外,针对2022年北京冬奥会的外语使用需求,有关部门未雨绸缪、提前规划,制定并启动了《北京冬奥会语言服务行动计划》。

一、外语人才培养

(一)我国高校外语专业开设语种情况

教育部2017年公布的全国普通高等学校本科专业备案和审批结果显示,我国高等院校外语专业开设的外语语种比上年增加了11个,总数达到83个。新增的11个语种具体为:库尔德语、克里奥尔语、提格雷尼亚语、茨瓦纳语、绍纳语、恩德贝莱语、科摩罗语、白俄罗斯语、毛利语、汤加语、萨摩亚语。截至2017年,经教育部审批同意的我国高校外语专业开设语种情况见表4.2.1。

表4.2.1 我国高校外语专业开设语种情况(截至2017年,按语种中文名称音序排列)

序号	语种名称	序号	语种名称	序号	语种名称
1	阿尔巴尼亚语	11	波兰语	21	菲律宾语
2	阿非利卡语	12	波斯语	22	芬兰语
3	阿拉伯语	13	朝鲜语	23	格鲁吉亚语
4	阿姆哈拉语	14	茨瓦纳语	24	哈萨克语
5	阿塞拜疆语	15	丹麦语	25	豪萨语
6	爱尔兰语	16	德语	26	荷兰语
7	爱沙尼亚语	17	俄语	27	吉尔吉斯语
8	白俄罗斯语	18	恩德贝莱语	28	加泰罗尼亚语
9	保加利亚语	19	法语	29	柬埔寨语
10	冰岛语	20	梵语巴利语	30	捷克语

(续表)

序号	语种名称	序号	语种名称	序号	语种名称
31	科摩罗语	49	挪威语	67	土耳其语
32	克里奥尔语	50	葡萄牙语	68	土库曼语
33	克罗地亚语	51	普什图语	69	乌尔都语
34	库尔德语	52	日语	70	乌克兰语
35	拉丁语	53	瑞典语	71	乌兹别克语
36	拉脱维亚语	54	萨摩亚语	72	西班牙语
37	老挝语	55	塞尔维亚语	73	希伯来语
38	立陶宛语	56	僧伽罗语	74	希腊语
39	罗马尼亚语	57	绍纳语	75	匈牙利语
40	马达加斯加语	58	斯洛伐克语	76	亚美尼亚语
41	马耳他语	59	斯洛文尼亚语	77	意大利语
42	马来语	60	斯瓦希里语	78	印地语
43	马其顿语	61	索马里语	79	印尼语
44	毛利语	62	塔吉克语	80	英语
45	蒙古语	63	泰米尔语	81	约鲁巴语
46	孟加拉语	64	泰语	82	越南语
47	缅甸语	65	汤加语	83	祖鲁语
48	尼泊尔语	66	提格雷尼亚语		

(二) 国家外语人才动态数据库建设

2017年,国家外语人才动态数据库建设取得重要成果并于8月召开成果发布会。该项目于2012年启动,项目组在调研全国主要高校外语人才资源现状的基础上,确定高端外语人才标准,建成全国高端外语人才数据库、全国外语专业师生数据库和全国外语人才供需信息库。其中,全国高端外语人才数据库收集了全国121所高校的高端外语人才信息,总数27,000多人,涉及5个通用语种、44个非通用语种、12个学科门类、87个一级学科;全国外语专业师生数据库收集了全国近900所高校2010年以来的外语专业师生信息。

二、公共服务领域外文译写规范

2017年,旨在规范我国公共服务领域外文译写、加强和改善我国外语服务的公共服务领域外文译写规范国家标准研制工作全面完成。

(一)《公共服务领域英文译写规范》(第2—10部分)正式发布并实施

《公共服务领域英文译写规范》是保障公共服务领域英文翻译和书写质量的基础性标准,包括10个部分。第1部分《通则》,规定公共服务领域英文译写的普遍性原则和要求;第2—10部分规定交通、旅游、文化、娱乐、体育、教育、医疗卫生、邮政、电信、餐饮、住宿、商业、金融共13个服务领域英文译写的原则、方法和要求,并为各领域常用的公共服务信息提供规范译文。具体见表4.2.2。

表4.2.2 《公共服务领域英文译写规范》各部分规范译文情况

序号	标准名称	标准号	译文条数	发布时间	实施时间
1	第1部分:通则	GB/T 30240.1-2013	308	2013.12.31	2014.7.15
2	第2部分:交通	GB/T 30240.2-2017	684	2017.5.22	2017.12.1
3	第3部分:旅游	GB/T 30240.3-2017	357	2017.5.22	2017.12.1
4	第4部分:文化娱乐	GB/T 30240.4-2017	314	2017.5.22	2017.12.1
5	第5部分:体育	GB/T 30240.5-2017	343	2017.5.22	2017.12.1
6	第6部分:教育	GB/T 30240.6-2017	153	2017.5.22	2017.12.1
7	第7部分:医疗卫生	GB/T 30240.7-2017	391	2017.5.22	2017.12.1
8	第8部分:邮政电信	GB/T 30240.8-2017	193	2017.5.22	2017.12.1
9	第9部分:餐饮住宿	GB/T 30240.9-2017	388	2017.5.22	2017.12.1
10	第10部分:商业金融	GB/T 30240.10-2017	401	2017.5.22	2017.12.1
合计			3,532		

教育部、国家语委于2011年启动研制《公共服务领域英文译写规范》,2012年在国家标准委正式立项。第1部分《通则》于2012年9月通过专家鉴定,同年12月通过国家语委审委会审定,2013年12月31日通过国家标准委审批并颁布,2014年7月15日起正式实施。第2—10部分于2015年4月通过专家鉴定,同年11月通过国家语委审委会审定,2017年5月22日通过国家标准委审批并颁布,2017年12月1日起正式实施。

《公共服务领域英文译写规范》是我国第一部规范境内的外国语言文字使用的国家标准,其发布和实施标志着我国公共服务领域的英文使用有了全国性的参照标准,对改善公示语翻译不规范现象、提升我国的外语服务质量、推进我国的国际化进程、提升我国的国际形象具有重要意义。

(二)公共服务领域俄文、日文译写规范国家标准发布

《公共服务领域俄文译写规范》(GB/T 35302-2017)和《公共服务领域日文译写规范》(GB/T 35303-2017)两项国家标准,分别规定公共服务领域俄文、日文翻译和书写的相关术语和定义、译写原则、译写方法和要求、书写要求等,并分别提供了919条俄文和859条日文规范译文,供社会参照使用。

两项标准的研制于2014年10月启动,2016年9月通过专家鉴定,同年12月通过国家语委审委会审定,2017年12月29日通过国家标准委审批并颁布,将于2018年7月1日起正式实施。

(三)公共服务领域外文译写规范国家标准宣传推广

6月20日,国家标准委、教育部、国家语委在北京联合召开新闻发布会,发布《公共服务领域英文译写规范》系列国家标准,教育部副部长、国家语委主任杜占元出席会议并讲话。

9月15日,教育部语信司指导有关国家语委科研机构和公共服务领域外文译写规范研制秘书处在京召开《公共服务领域英文译写规范》发布座谈会,邀请研制课题组专家、国内公示语英文翻译方面的专家研讨规范的贯彻实施工作。

9月22—24日,在南京召开的以"语言服务、标准规范、外语政策"为主题的第四届全国公示语翻译研讨会暨《公共服务领域英文译写规范》国家标准推广高端论坛,围绕规范公示语翻译、宣传推广《公共服务领域英文译写规范》等话题展开研讨,出席会议的研制组专家、公示语翻译专家等与翻译公司代表、标志标牌行业代表以及行业用户代表进行面对面对话。

12月1日,教育部语信司与中国翻译协会、中国翻译研究院在北京联合举办"公示语外译规范与话语体系建设"学术论坛,从政策和理论角度探讨公示语翻译中的对外话语策略。

此外,为配合标准的发布和实施,公共服务领域外文译写规范研制秘书处组织编制的《公共服务领域英文译写指南》和《公共服务领域英文译写一本通》系列丛书年内正式出版,以图文并茂的形式介绍标准的主要内容。

三、北京冬奥会语言服务行动规划部署

5月,教育部、国家语委与北京冬奥会组委会联合启动《北京冬奥会语言服务行动计划》(简称《行动计划》)。

《行动计划》以"统筹协调、扎实推进,共建共享、开放合作,项目带动、科技支撑,有序推进、不断完善"为原则,充分发挥国家语委语言资源优势,组织协调有关部门、高校、科研机构、企业和社会力量,积极为北京冬奥会创造良好的语言环境,提供优质语言服务。《行动计划》及时跟进未来5年北京冬奥会筹备工作需要,先期将围绕基础资源建设、规范标准建设、优化城市语言环境等推进相关项目。主要工作任务见表4.2.3。

表4.2.3 《北京冬奥会语言服务行动计划》主要工作任务

序号	工作任务	主要内容
1	开展语言技术集成及服务	通过大数据术语开发集成,建设跨语言的术语服务平台。在该平台基础上推动开发多语言服务系统和智能APP,集成语音识别与合成、机器翻译、人机对话等技术成果,打造人机智能交换平台,为冬奥会提供实时、便捷、全方位的多语言服务。
2	提供语言翻译和培训服务	根据冬奥会对语言服务、语言翻译的需求,组建语言专家团队,为冬奥会重要会议资料、文件的译文提供审核把关;为冬奥会语言翻译服务商公开招投标推荐评审专家。根据冬奥会赛事需要和相关规范标准,组织专家制定多语种培训规范。编写语言培训教材,为中外志愿者提供语言文化培训;为国内技术人员、翻译人员、北京冬奥组委工作人员、冬奥会志愿者等提供语言培训服务。
3	优化奥运语言环境	优化城市语言环境。在北京、张家口组织开展城市用语用字情况检查,并向社会发布检查情况,确保北京冬奥会语言文字使用符合国家语言文字方针政策和规范标准。提供场馆语言环境服务,对冬奥会场馆英文标志进行检查,并提出修改意见和建议。编写《2022年北京冬奥会和冬残奥会体育项目名词术语》,推动冬季奥运体育项目名词术语的规范化。开设"北京市民语言文化大讲堂",编写《迎接冬奥会:语言与文化》市民培训普及读本。

(续表)

序号	工作任务	主要内容
4	开展外语志愿者培训工作	根据冬奥会筹办和举办工作的语言服务需求，制定以提升组织能力和业务水平为目标的外语志愿者培训计划，协调外语类高校，为冬奥会赛前和赛时志愿者提供外语培训服务。
5	合作开展冬奥会语言文化展示体验项目	以"语言和体育文化"为主题，在北京冬奥会场馆文化展示中，体现北京文化优势，融入冬奥会所涉及语种的文化介绍，开展多种形式的语言文化展示体验项目。

为配合《行动计划》的发布与启动，商务印书馆《汉语世界》杂志和《英语世界》杂志出版冬奥会特刊，就冬奥会语言服务访谈相关专家，解读《行动计划》，列出中英文对照的冬奥会项目名称、冬奥会历史知识和冬奥会比赛场馆，还面向全球读者（汉语学习者和来华游客）推出"冬奥汉语 30 句"，绘制"北京冰雪地图"，让国际游客分享中国百姓丰富多彩的冰雪运动和冬季生活。

四、国民外语能力评测标准研制

提升国民外语能力，大量培养具有全球视野、熟练运用外语、通晓国际规则、精通国际谈判的专业人才，是提高我国参与全球治理的能力、增强我国在国际上说话办事的实力的迫切需要，是我国在快速迈向世界舞台中央的进程中的战略性需求，也是我国外语服务能力建设的重要方面。

外语考试是人才选拔和培养的重要手段。为提升外语考试的科学性和系统性，国务院《关于深化考试招生制度改革的实施意见》明确提出加强"外语能力测评体系建设"。外语能力测评体系建设的首要工作就是研制外语能力标准，为外语测评提供科学规范的能力描述体系及考试等级划定依据，以推动外语教学及考试改革，促进科学选材和学生健康成长。

2017 年，教育部考试中心牵头组织研制的《中国英语能力等级量表》（简称《量表》）通过国家语委审委会审定，定于 2018 年作为国家语委语言文字规范（GF）颁布施行。《量表》依据循序渐进的原则，从低到高对我国学习者英语使用能力进行描述，包含一系列能力描述参数，分为若干个级别，可为英语学习、测试提供能力目标参照，为各类英语考试的能力目标定位提供标尺，有利于解决我国不同英语考试标准各异、教学与测试目标分离、各阶段教学目标不连贯等问题。

第三节　特殊人群语言文字服务

我国有 3,000 多万听力和视力残疾人，为其提供语言服务，使其在社会交往中享有平等的语言权益，是保障听力和视力残疾人基本权益，提高其整体教育水平，实现全面小康的重要举措。2017 年，中国残疾人联合会（简称"中国残联"）、教育部、国家语委等部门在听力和视力残疾人群语言服务方面开展了大量卓有成效的工作。

一、手语和盲文规范化建设

（一）国家通用手语和盲文方案研制、试点与审定

为推进我国手语和盲文规范化建设，教育部、国家语委、中国残联等部门于 2011 年开始研制国家通用手语和盲文方案，并将"国家通用手语标准研制"和"国家通用盲文标准修订"立项为当年度国家语委科研规划重大课题。2015 年，课题研究工作完成并形成《国家通用手语常用词表》和《国家通用盲文方案》草案。2016—2017 年，在全国 26 个省（区、市）的 55 个单位就两项草案进行试点，课题组根据试点情况对草案进行了进一步完善。2017 年 12 月 20 日，经中国残联申报，《国家通用手语常用词表》和《国家通用盲文方案》原则通过国家语委审委会审定，正式纳入国家语委语言文字规范（GF）体系，定于 2018 年发布。

《国家通用手语常用词表》收录听力残疾人语言生活和教育教学中使用频率较高、比较稳定的 5,300 个手语常用词，适用于公务活动、教育、电视和网络媒体、图书出版、公共服务、信息处理中的手语使用，以及手语水平等级考核。《国家通用盲文方案》确立了全部音节标调的总原则，解决了阅读盲文时猜测读音的问题，提高了盲文的表意功能。

（二）国家通用手语和盲文骨干人员培训

2017 年，中国残联委托国家手语和盲文研究中心①举办骨干人员培训班 13

---

① 中国残联、教育部、国家语委依托北京师范大学共建，成立于 2010 年。

期。其中，国家通用手语培训班6期，共培训350人；国家通用盲文培训班7期，共培训151人。

（三）国家通用手语和盲文信息化建设

2017年，中国残联继续扎实推进国家通用手语和盲文信息化建设。推进手语句法数据库建设，组织拍摄手语量词句法语料、手语类标记手形语料、手语基本手形语料，研制上述语料录入数据库的分类编码和检索系统；并对手语句法语料进行整理和完善。加强手语等级考试题库建设，编辑、拍摄近千道手语测试题目。开展国家通用盲文规范词库（1期）建设，设计开发国家通用盲文规范词"盲文—盲文""盲文—拼音"转写软件和比对检测软件，完成常规高频词子库17,260词和轻声词子库1,150词的全信息标注，采集了中国盲文出版社现行盲文电子版语料190万方并根据国家通用盲文方案转写为通用盲文语料，研究制定"现行盲文—字字标调盲文—通用盲文"对齐规则并设计开发出三种盲文语料转写对齐软件。

（四）手语信息采集

2017年，国家手语和盲文研究中心、中国聋协手语研究和推广委员会指导各手语信息采集点完成6期手语词语采集（主要涉及购物、饮食、交通、医疗和法律等行业）。年内，依托省级聋协建立的手语信息采集点从7个增加至12个。

（五）《国歌》国家通用手语版方案研制

2017年《国歌法》正式施行，为保证《国歌》的严肃性和推广使用国家通用手语，中国残联委托中国聋协开展《国歌》国家通用手语版方案研制工作，形成供有关部门遴选确定的2种方案。

二、手语盲文教育与人才培养

（一）手语盲文教育法规文件

1.《残疾人教育条例》

国务院2月23日公布修订后的《残疾人教育条例》[①]。在第四十二条第二款

[①] 2017年5月1日起施行。

规定:"从事听力残疾人教育的特殊教育教师应当达到国家规定的手语等级标准,从事视力残疾人教育的特殊教育教师应当达到国家规定的盲文等级标准。"在第五十四条规定:"国家鼓励开展残疾人教育的科学研究,组织和扶持盲文、手语的研究和应用,支持特殊教育教材的编写和出版。"

2. 课程标准

教育部发布实施 2016 年版《盲校义务教育课程标准》《聋校义务教育课程标准》和《培智学校义务教育课程标准》。三类特殊教育学校义务教育课程标准共涉及 42 门学科,其中盲校 18 门、聋校 14 门、培智学校 10 门。盲校课程标准中增加盲文点字摸读和书写学习内容,聋校课程标准中提出语言能力是沟通交往能力发展的基础,专门增加手语学习的内容。

3. 教育规划

教育部、国家发改委、民政部、财政部、人力资源和社会保障部、国家卫生计生委、中国残联等七部门 7 月 17 日联合发布《第二期特殊教育提升计划(2017—2020 年)》,阐述两期特殊教育提升计划之间的衔接和递进,强调要进一步完善特殊教育体系、康复服务体系、特教发展支持保障体系以及运行机制。

(二)手语盲文特殊教育事业发展

据《2016 年全国教育事业发展统计公报》[①],全国共有特殊教育学校 2,080 所,比上年增加 27 所。全国共招收特殊教育学生 9.15 万人,比上年增加 0.82 万人;在校生 49.17 万人,比上年增加 4.95 万人。其中,视力残疾学生 3.61 万人,听力残疾学生 9.00 万人,智力残疾学生 26.05 万人,其他残疾学生 10.51 万人。特殊教育毕业生 5.92 万人,比上年增加 0.63 万人。普通小学、初中随班就读和附设特教班招收的学生 5.18 万人,在校生 27.08 万人,分别占特殊教育招生总数和在校生总数的 56.61% 和 55.07%。

据《2017 年中国残疾人事业发展统计公报》,全国共有特殊教育普通高中班(部)112 个,比上年增加 1 个;在校生 8,466 人,比上年增加 780 人;在校聋生 7,010 人,比上年增加 881 人;在校盲生 1,456 人,比上年减少 101 人。

(三)手语人才培养和学科建设

2017 年,全国设置手语翻译专业的高校共 5 所。具体见表 4.3.1。

---

① 截至目前,教育部最近一次发布的统计公报。

表 4.3.1　手语翻译人才培养高校

序号	高校名称	专业名称	招生时间	学历层次
1	郑州工程技术学院（原中州大学）	特殊教育专业手语翻译方向	2004	本科
2	南京特殊教育师范学院（原南京特殊教育职业技术学院）	手语翻译专业	2005	本科
3	营口职业技术学院	特殊教育专业手语翻译方向	2009	专科
4	郑州师范学院	特殊教育专业手语翻译方向	2010	本科
5	浙江特殊教育职业学院	手语翻译专业	2015	专科

此外，复旦大学2003年起在"语言学及应用语言学"专业下开设"手语语言学"方向，可授予硕士及博士学位；华东师范大学2008年起在"外国语言学及应用语言学"专业下开设"手语音系"方向，可授予硕士及博士学位；江苏师范大学2012年起在播音与主持专业下开设"手语播音与主持"方向，可授予学术硕士和专业硕士学位。

三、听力和视力残疾人语言文字权益保障

（一）信息交流无障碍建设

无障碍信息服务是听力和视力残疾人参与社会生活的必要条件，也是一个社会发展水平的体现和文明程度的标志。

1. 信息交流无障碍政策规划

2016年以来，各级政府部门出台实施一系列无障碍环境建设政策规划与措施，其中涉及信息交流无障碍的，都明确要求推广国家通用手语和盲文、完善手语和盲文服务、保障听力和视力残疾人语言文字权益，有效推动城乡无障碍环境建设。具体见表4.3.2。

表 4.3.2　信息交流无障碍政策规划（2016—2017 年）

序号	发布时间	发布单位	文件名称
1	2016.8.3	国务院	"十三五"加快残疾人小康进程规划纲要
2	2016.9.21	中国残联、住建部、教育部等	无障碍环境建设"十三五"实施方案
3	2017.1.16	公安部	治安管理处罚法（修订公开征求意见稿）
4	2017.1.23	国务院	"十三五"推进基本公共服务均等化规划
5	2017.4.7	教育部、中国残联	残疾人参加普通高等学校招生全国统一考试管理规定
6	2017.5.15	国务院办公厅	关于印发政府网站发展指引的通知
7	2017.7.19	国家邮政局、中国残联	关于进一步加强邮政行业无障碍环境建设等相关工作的通知
8	2017.11.2	司法部	关于"十三五"加强残疾人公共法律服务的意见
9	2017.12.13	中国残联、工信部	关于支持视力、听力、言语残疾人信息消费的指导意见

2. 信息交流无障碍建设成果

据《2017 年中国残疾人事业发展统计公报》：截至 2017 年底，全国共有省级残疾人专题广播节目 25 个、电视手语栏目 31 个；地市级残疾人专题广播节目 198 个、电视手语栏目 254 个。

在国家层面，2017 年召开的党的十九大和全国两会直播都设有同步手语翻译。在地方层面，上海 12345 市民服务热线手语视频服务于 9 月 24 日上线试运行，听力残疾人可通过手语视频向 12345 平台提交对上海公共管理服务的咨询、投诉、意见和建议。

（二）手语翻译职业化发展

手语翻译是服务听力残疾人语言文字需求的重要内容，加强高素质、专业化手语翻译和手语主持人才培养，建立手语翻译的职业化机制保障，促进国家通用手语的推广和传播，关乎听力残疾人了解社会、融入社会的心理诉求和梦想实现。为此，各级残联正逐步建立手语翻译培训、认证、派遣服务制度。2006 年 9 月，上海出现首批 50 名通过专业培训和认证的手语翻译员；2007 年 1 月，劳动和社会保障部正式将手语翻译员列为新职业[①]；2008 年，中国劳动技能鉴定中心颁

---

① 2007 年 1 月 11 日，劳动和社会保障部在上海召开第八批新职业信息发布会，正式向社会发布 10 个新职业，其中包括手语翻译员。

布了手语翻译员职业资格等级。目前,上海、南京、广州、郑州等地已有8,200多人获得手语翻译员职业资格证书。

2017年4月5—15日,中国残联、国家语委、国家新闻出版广电总局联合举办第二期电视台手语翻译培训班,对来自全国的40多名手语主持人进行国家通用手语、新闻播音、语言沟通技巧等方面的培训。

四、听力和视力残疾人普通话培训测试

(一)听力残疾人普通话水平测试

2017年,中国盲文手语推广服务中心[①]举办了第三期听力残疾人普通话水平试点测试班,江苏、山东等地特殊教育学校50名从教人员参加测试。中心继续根据听力残疾人的测试体验,不断完善与听力残疾人身心特点相适应的测试实施细则和管理规定。同时,与江苏广电总台教育频道合作,制作完成5集《听障人士普通话水平测试》系列讲座视频以及《无声胜有声——听障人士普通话水平测试系列讲座电视宣传片》,于第20届全国推普周期间在江苏教育频道播出,并在有关微信公众号、网易新闻客户端等向全国推送,加大对听力残疾人普通话水平测试工作的宣传力度,在线点击量超过14万人。

(二)视力残疾人普通话水平测试

2017年,中国盲文手语推广服务中心进一步完善视力残疾人普通话水平机测系统,在江苏、山东等地对盲校学生和高校融合教育中的盲人大学生开展试点机测,收集有效样本68个。在分析研究样本的基础上,对机测软件评分系统进行了调整。

五、语言障碍人群语言康复服务

(一)听力语言康复服务

2017年,全国共为40.7万名听力残疾人和4.3万名言语残疾人提供听力、言

---

① 国家语委与南京特殊教育师范学院共建,成立于2013年。

语基本康复服务[①]。

2017年，全国累计建成听力言语康复机构1,417个[②]。在各级残联的积极推动下，上海、安徽、山东、湖南、广东、广西、重庆、四川、贵州、甘肃、青海11个省（区、市）新建市、县级听力残疾人康复服务机构24个；吉林、黑龙江、湖南、广西、陕西、新疆6省（区）投入资金用于37个市、县级听力残疾人康复服务机构改扩建。全国11个省级听力语言康复研究中心已取得独立建制，40%的省份已取得幼儿园办园资质，60%的省份已取得医疗许可资质，福建、湖南、陕西、甘肃4省已取得助听器验配师国家职业资格培训与鉴定资格。

（二）听力语言康复人才培养

中国听力语言康复研究中心（简称"中语康"）[③]2015年建成启用"全国听力语言康复专业人员数据库"，对在中国残联注册的听力语言康复机构专业人员实行实名制管理，并不断加强专业培训。2017年共举办全国听力语言康复专业技术人员培训班48期，培训3,282人次。在"0—6岁残疾儿童康复教育教材体系"项目框架下，开发完成网络在线培训课程7类195课时，拍摄学前康复教学及家长康复示范课程50课时，完成465个与教学配套使用的教学动画和微课，制作完成200首儿童教学歌曲，开发完成言语语言治疗数据库。

（三）听力残疾儿童公益救助联盟建设

联盟旨在整合社会各界资源，加大听力残疾儿童公益救助力度。截至2017年底，联盟伙伴已有139家，包括公益组织14家、爱心企业53家、媒体伙伴60家、明星伙伴12位；公益项目及活动已有60余个，捐赠物资价值2,291万余元，受益听力残疾儿童逾万人。针对听力残疾儿童的特殊需求，设计并实施"公益+"系列活动，包括：公益+Music、公益+Sport、公益+Fun、公益+Star、公益+Net等，帮助听力残疾儿童冲破无声世界。

[①] 据《2017年中国残疾人事业发展统计公报》。
[②] 据《2017年中国残疾人事业发展统计公报》。
[③] 隶属于中国残联。

(四) 听力语言康复宣传教育和学术研究

第 18 次全国"爱耳日"①宣传教育活动。中国残联通过"爱耳快车"下基层开展听力服务,普及爱耳护耳知识;联合有关方面发起"为聋儿送一份礼物"和"守护聋儿"公益项目,呼吁全社会关注听力残疾儿童,关爱听力健康。3月3日当天在 10 个城市同步举办"让爱发声听力残疾儿童公益救助行动"公益演出活动。

第五届中国听力论坛。论坛是"一带一路"框架下残疾人事务主题活动之一,由中语康与中国残疾人康复协会听力语言康复专业委员会主办,于 9 月 14—15 日在北京举行。论坛以"一带一路,融合共享,提升听力语言服务质量"为主题,就听力语言残疾预防、听力语言康复服务等进行研讨交流。论坛期间还在中国国际福祉博览会上组织了"中国听力语言康复技术及产品展示区",展示中国听力语言康复的相关产品、技术及成果。

---

① 每年 3 月 3 日。

第五章　语言文化传承传播

传承传播中华优秀语言文化是我国语言文字事业的文化自觉和使命担当。2017年,我国在中华语言文化传承、汉语国际传播、中华思想文化对外传播、语言文化交流合作等多方面取得重要进展。中华经典诵读活动更加广泛和深入,孔子学院建设继续全球布局、稳健增长,中国思想文化术语外译传播持续发布重要成果。特别是《习近平谈治国理政》(第二卷)多语种版出版发行、甲骨文成功入选联合国教科文组织《世界记忆名录》、首届中国北京国际语言文化博览会成功举办等引发广泛关注。

第一节　中华语言文化传承

2017年,我国启动甲骨文研究与应用专项工作,继续推进中华通韵研究,深入开展中华经典诵读活动和"诵读名家、书法名家进校园"活动,举办第二季《中国诗词大会》,推出《朗读者》《见字如面》等一批中华语言文化类电视节目,在"全民阅读"中积极推荐传统文化类图书,通过科学研究、群文活动、媒体传播等方式,积极推动中华传统语言文化的传承发展。

一、甲骨文研究

甲骨文是我国已发现的古代文字中,时代最早且体系较为完整的文字。从甲骨文一脉相承发展到今天的汉字,其中蕴含着强大的中华民族文化基因。甲骨文记载的内容涉及广泛,是研究我国悠久历史文化和早期国家社会形态极其珍贵的第一手资料。以甲骨文等为代表的中华优秀传统文化在世界古代文明中占据重要的地位。文化既是软实力,又关乎社会意识形态,是社会政治和经济的根基。甲骨文代表了中华传统文化的发端,在中华文明发展史上具有划时代的重要作用。推进甲骨文的研究与应用,对追寻中华祖先生存发展的历史轨迹,深

第五章 语言文化传承传播

入挖掘和阐释中华优秀传统文化内涵,提升文化软实力,凝聚民族自豪感,从而进一步增强全社会的文化自觉和文化自信具有重要的现实意义和深远的历史意义。

为贯彻落实习近平总书记在全国哲学社会科学工作座谈会上的重要讲话精神,在已有研究基础上进一步推动具有重要文化价值和传承意义的甲骨学研究,2017年2月,国务院批准由教育部、国家语委牵头组织开展甲骨文研究与应用专项工作。教育部、国家语委联合文化部、国家文物局等部门研究制定《甲骨文研究与应用专项实施方案》(简称《方案》),明确了研究原则、途径方法、预期成果和具体研究任务。

(一)基本原则和途径方法

《方案》明确,甲骨文研究的基本原则是:统筹规划、协同攻关、拓宽视野、重点扶持、注重基础、创新发展。途径方法包括三个方面:第一,建立协同机制,成立多部门联合领导机构;组成跨学科研究团队,促进多学科交叉融合。第二,加强机构建设,集聚人才,提升实力。第三,加大支持力度,创新研究方法,培育一批有价值的标志性成果。

(二)预期成果

《方案》提出,甲骨文研究的预期成果包括基础研究、数字化建设、推广应用三类。具体见表5.1.1。

表 5.1.1 甲骨文研究与应用专项预期成果

序号	类别	主要内容
1	基础研究	对现有甲骨文考释、著录等成果进行系统整理,补充完善,出版《甲骨刻辞类纂新编》《甲骨文字考释集成》《中国馆藏甲骨合集》以及大型现代字典类工具书《字源》;出版甲骨文对中华思想文化的影响和作用研究专著。
2	数字化建设	研发信息处理用甲骨文国际编码,开发甲骨文字库。建成甲骨文全文数据库。建成中国馆藏甲骨高清晰全息数据库及共享平台。
3	推广应用	推动甲骨文申报《世界记忆名录》。召开2019年纪念甲骨文发现120周年国际学术研讨会。出版《甲骨学发展120年》和《甲骨卜辞精粹选本》及多语种译本。

第一节 中华语言文化传承

（三）具体研究任务

《方案》确定的具体研究任务包括10项，具体见表5.1.2。

表 5.1.2 甲骨文研究与应用专项研究任务

序号	研究任务	主要内容
1	编纂《甲骨刻辞类纂新编》	《甲骨刻辞类纂新编》是对甲骨刻辞进行分类整理和汇编的卜辞分类工具书，是从事古文字、语言文字、历史、考古等相关研究的必备工具书。
2	编纂《甲骨文字考释集成》	《甲骨文字考释集成》是甲骨文考释类工具书。每个甲骨文字形下列出该字有代表性的各家释文。
3	我国馆藏甲骨的整理与著录	由国家统一规划，开展甲骨类文物普查，并采用高科技手段、统一标准对全国甲骨文资料信息进行采集、保护与整理。通过全面开展甲骨文整理研究，有序将各地大宗甲骨文藏品加以彻底整理与著录公布。并搭建一个共享数字化平台，集中展示甲骨文资源。
4	甲骨文对中华思想文化的影响和作用研究	通过研究甲骨文对中华思想文化形成发展产生的影响和作用，探究几千年发展形成的中华民族深厚文化传统和富有特色的思想文化体系，理清中华思想文化发展脉络，分析阐释中华思想文化精神内涵，以及中国特色社会主义道路所植根的文化沃土和历史渊源。
5	汉字探源研究与《字源》编纂	汉字探源研究的基础是甲骨文的释读，利用探源研究成果，编纂一部现代大型字典类工具书——《字源》，是甲骨文等古文字探源研究成果的应用性转换。
6	甲骨文全文数据库建设	在全面整理甲骨文资料基础上，开发建设大型甲骨文全文数据库，包含原文和对应的释文。数据库将弥补早期古文字类工具书从收字内容到编纂形式上的不足，构建一个规范化、标准化的甲骨文多功能信息平台。
7	甲骨文国际编码方案设计和甲骨文字库研发	汉字国际编码是汉字进入计算机实现信息处理的根本。目前甲骨文还没有真正实现信息处理，急需申请国际编码，提交编码方案。同时，设计研发一款配套的甲骨文字库，以满足古文字信息化的基本需求。
8	甲骨文申报《世界记忆名录》	将甲骨文申报《世界记忆名录》，扩大甲骨文在世界范围的影响力，加强甲骨文物的保护、宣传，促进文献遗产的利用。
9	编辑《甲骨学发展120年》	2019年是甲骨文发现120周年，为更好地总结甲骨学的发展及成果，在已出版的《甲骨学一百年》《新中国甲骨学六十年》的基础上，重点对近二十年来取得的新成果进行总结和梳理，并对未来发展进行展望。

(续表)

序号	研究任务	主要内容
10	编纂《甲骨卜辞精粹选本》及其外译读本等	《甲骨卜辞精粹选本》定位于甲骨文研究与应用的推广普及类读物。在已发现的甲骨卜辞中精选一百篇，加配今注今译，并将其翻译为多语种外语读本。对内为基础教育和文化普及服务，对外宣传介绍中华悠久历史文化。

(四)甲骨文成功入选《世界记忆名录》

《世界记忆名录》是联合国教科文组织的旗舰项目，创建于1997年，目的是对世界范围内正在逐渐老化、损毁、消失的文献记录进行抢救，并加强保护和利用，提高全世界对文献遗产及其重要性的认识。甲骨文申报《世界记忆名录》是甲骨文研究与应用专项的重要任务之一。

在我国多个部门的共同努力下，10月30日，联合国教科文组织网站发布消息，我国申报的甲骨文顺利通过联合国教科文组织世界记忆工程国际咨询委员会的评审，成功入选《世界记忆名录》。这标志着世界对甲骨文重要文化价值及其历史意义的高度认可，对传承与弘扬中华优秀传统文化具有里程碑意义。12月26日，教育部、国家语委、国家文物局、国家档案局、故宫博物院、中国联合国教科文组织全国委员会在故宫博物院举行"甲骨文成功入选《世界记忆名录》"发布会。甲骨文研究与应用专项工作迎来良好开端。

为纪念甲骨文成功入选《世界记忆名录》，故宫研究院古文献研究所举办"甲骨收藏与绝学振兴"高峰论坛。受教育部、国家语委委托，中国集邮总公司制作发行"甲骨文成功入选《世界记忆名录》"纪念封。

二、中华通韵研究

为制定适应当前汉语实际的诗词新韵规范，传承发展中华诗词文化，教育部、国家语委于2016年启动中华诗词新韵研究。2017年，项目组以《汉语拼音方案》和《通用规范汉字表》为基础，对韵部划分、规范标准、归韵原则、韵表设置、韵书编纂等问题进行深入研究，取得一系列阶段性成果，为下一步工作奠定扎实学术基础；同时，经过数次研讨，项目组及相关专家建议将项目成果定名为"中华通韵"。

为配合以普通话为基础的"中华通韵"研究制定工作,探索和总结诗词创作实践的用韵规律,教育部、国家语委联合中华诗词学会共同举办2017年诗词创作征集活动。活动以"家国情怀、自由正义"为主题,以普通话语音系统为押韵依据,面向全社会征集古体诗、近体诗、现代诗三类诗词。共有来自全国31个省(区、市)及港澳台地区的13,012人投稿22,184篇,其中古体诗5,648篇、近体诗8,190篇、现代诗歌8,346篇;投稿者中年龄最小的7岁,最大的92岁。

三、部编语文教材中的传统文化内容

2017年秋季学期开学起,全国中小学起始年级使用教育部统一组织编写、人民教育出版社出版的义务教育《道德与法治》《语文》《历史》教材。部编《语文》教材高度重视中华优秀传统文化教育。

增加古诗文数量。小学语文有古诗文129篇,占所有选篇的30%。初中语文古诗文选篇132篇,占所有选篇的51.7%。为培养学生的传统文化素养,所选的古诗文体裁多样,从《诗经》到清人诗作,从诸子散文到历史散文,从两汉论文到唐宋古文、明清小品文,均有呈现。

增设专题栏目。如,小学的"日积月累"栏目,安排有楹联、成语、谚语、歇后语、蒙学读物等传统文化内容;初中的"综合性学习"栏目,围绕"友""信""和"等传统文化关键词,设计有一系列专题活动。

大量编选反映中华优秀传统文化的课文。如《纸的发明》《中国石拱桥》等,赞颂古代劳动人民智慧;《邓稼先》《黄河颂》等,弘扬爱国敬业、诚实守信、坚忍不拔的中华传统美德。

四、中华经典诵读活动

2017年,教育部、国家语委继续在全国深入推进中华经典诵读活动。除港澳台地区,各地共组织开展集体诵读、经典诵读比赛、经典诵读文艺演出等各类活动720项(次),比上年增长214项(次);参与人次1,157.03万,比上年增长209.37万。具体见表5.1.3。

第五章 语言文化传承传播

表 5.1.3 2017 年各省（区、市）中华经典诵读活动开展情况及参与人次

序号	地方省级单位	活动项（次）	参与人次（万）
1	北京	15	1.67
2	天津	39	1.08
3	河北	144	29.87
4	山西	4	113.48
5	内蒙古	25	8.90
6	辽宁	36	15.46
7	吉林	126	6.85
8	黑龙江	30	38.93
9	上海	7	0.26
10	江苏	15	112.70
11	浙江	3	100.09
12	安徽	34	10.66
13	福建	3	14.00
14	江西	14	3.10
15	山东	29	36.61
16	河南	37	48.83
17	湖北	23	15.46
18	湖南	2	0.42
19	广东	31	68.05
20	广西	2	60.03
21	海南	4	4.65
22	重庆	1	10.00
23	四川	3	190.17
24	贵州	19	32.49
25	云南	1	3.51
26	西藏	1	0.06
27	陕西	36	120.47
28	甘肃	5	99.04
29	青海	26	9.95
30	宁夏	2	0.12
31	新疆	0	0.00
32	建设兵团	3	0.12
	合计	720	1,157.03

五、"诵读名家、书法名家进校园"活动

2017年,在2013年以来开展"书法名家进校园"活动的基础上,教育部、国家语委进一步支持各地开展"诵读名家进校园"活动。各地邀请朗诵艺术家和书法艺术家走进校园,为基层学校的中华经典诵写讲教育提供示范与指导,共举行"诵读名家、书法名家进校园"活动18,378次,其中进高校活动562次,进中学活动5,910次,进小学活动11,906次。具体见表5.1.4。

表5.1.4　2017年各省(区、市)"诵读名家、书法名家进校园"活动情况

序号	地方省级单位	进高校活动	进中学活动	进小学活动	合计
1	北京	8	88	309	405
2	天津	36	21	29	86
3	河北	8	400	1,272	1,680
4	山西	51	876	1,432	2,359
5	内蒙古	16	31	23	70
6	辽宁	2	91	286	379
7	吉林	40	98	210	348
8	黑龙江	11	148	358	517
9	上海	13	68	97	178
10	江苏	10	465	739	1,214
11	浙江	20	59	78	157
12	安徽	11	429	643	1,083
13	福建	65	300	1,200	1,565
14	江西	16	21	35	72
15	山东	24	580	1,667	2,271
16	河南	12	369	696	1,077
17	湖北	32	126	356	514
18	湖南	90	198	156	444
19	广东	11	548	952	1,511
20	广西	5	64	88	157
21	海南	41	130	136	307
22	重庆	0	1	7	8
23	四川	5	8	10	23
24	贵州	12	39	119	170

(续表)

序号	地方省级单位	进高校活动	进中学活动	进小学活动	合计
25	云南	1	0	0	1
26	西藏	0	2	3	5
27	陕西	5	452	839	1,296
28	甘肃	6	265	119	390
29	青海	0	0	0	0
30	宁夏	0	7	16	23
31	新疆	1	1	1	3
32	建设兵团	10	25	30	65
	合计	562	5,910	11,906	18,378

六、其他行业系统语言文化传承传播工作

(一) 广播电视中的语言文化类节目

2017年,中央和地方各级广播电视媒体积极开办中华语言文化类节目,其中影响力较大的见表5.1.5。

表5.1.5 2017年影响力较大的语言文化类品牌电视节目(不完全统计)

序号	播放平台	节目名称
1	中央电视台	《中国诗词大会》(第二季)
2	中央电视台	《朗读者》
3	黑龙江卫视	《见字如面》
4	河北卫视	《中华好诗词》(第五季)
5	东方卫视	《诗书中华》
6	江苏卫视	《阅读·阅美》

1.《中国诗词大会》(第二季)

《中国诗词大会》由国家语委和中央电视台联合举办,2016年播出后受到广泛好评,2017年继续举办第二季。节目延续"赏中华诗词、寻文化基因、品生活之美"的基本宗旨,对原有的赛事规则进行创新,新增"飞花令"环节,受到观众好评。节目中诗词内容大多出自中小学课本,题目形式新颖、类别丰富,在广大学生和家长中引起强烈反响。据统计,第二季《中国诗词大会》10期累

计收看观众达 11.63 亿人次,播出期间连续 6 天在当日大学以上高学历观众中收视第一。中国广视索福瑞媒介研究(CSM)71 城市收视调查数据显示,第二季《中国诗词大会》首播 10 期收视稳定且呈上升趋势,10 期首播平均收视率高达 1.77%,单期收视率稳定保持在 1.5%—2% 之间,2 月 7 日第二季总决赛收视率达到 2.43%。

从《中国汉字听写大会》《中国成语大会》到《中国诗词大会》,三个大会充分展现了中国语言文字和中华优秀传统文化的魅力,也展现了我国基础教育,尤其是语文教学改革的丰硕成果。

2.《朗读者》

中央电视台的《朗读者》以个人成长、情感体验、背景故事与传世佳作相结合的方式,选用精美的文字,用最平实的情感读出文字背后的价值。节目共播出 8 期,在央视综合频道的平均收视率为 1.06%,在央视三套的平均收视率为 0.75%。

3.《见字如面》

黑龙江卫视的《见字如面》是国内首档明星读信节目,以明星读信为主要形式,旨在用书信打开历史节点,带领观众重温书信里的时光和记忆,以书信的方式重温那些值得中国人知道的、有意思的、真实的中国故事。

4.《中华好诗词》

河北卫视的《中华好诗词》以弘扬中国传统诗词文化为宗旨,围绕传统诗词储备和相关传统文化知识,通过闯关、挑战、益智、综艺等多种手段寓教于乐,集知识性和娱乐性于一体。2013 年开播以来已连续播出 5 年。

5.《诗书中华》

东方卫视的《诗书中华》围绕"诗礼传家""诗教家风"等主题,以家庭为单位携手作战,传统文化的考察范围也从古诗词扩展到古诗文。

6.《阅读·阅美》

江苏卫视的《阅读·阅美》以"美文推荐+美文朗读+人物访谈"的模式,由推荐人以演说形式阐述推荐理由并朗读美文,由倾听嘉宾点评美文,透过美文寻访作者或者主人公,让作者、主人公、推荐人、倾听嘉宾、主持人深度交谈文章背后的故事。

(二)"全民阅读"活动中推荐的语言文化类图书

2017 年,国家新闻出版广电总局在"全民阅读"活动中积极推荐关于中华语

第五章 语言文化传承传播

言文化的好书,通过推荐阅读促进中华优秀语言文化的传承。具体见表 5.1.6。

表 5.1.6 "全民阅读"活动中推荐的中华语言文化类图书

推荐类别	中华语言文化类书目	作者	出版社
2016 中国好书	文字小讲	许进雄	天津人民出版社
	庄子哲学讲记	郑开	广西人民出版社
	《资治通鉴》与家国兴衰	张国刚	中华书局
	林散之年谱	邵川	江苏凤凰文艺出版社
2017 大众喜爱的 50 种图书	中华传统文化经典百篇(全二册)	国务院参事室、中央文史研究馆	中华书局
	白先勇细说红楼梦(全二册)	白先勇	广西师范大学出版社
	好诗不厌百回读	袁行霈	北京出版社
	朗读者(全三册)	董卿	人民文学出版社
2017 年向全国青少年推荐百种优秀出版物	重读先烈诗章	中共中央宣传部宣传教育局	中华书局
	中国故事:中华文明五千年	中共北京市委宣传部	北京出版社
	穿越历史看孔子	文溪	未来出版社
	家风家训:王立群智解成语	王立群	大象出版社
	中华民族传统美德丛书	卢祥之、牛秀清	山东教育出版社
	中国诗词大会	《中国诗词大会》栏目组	中华书局
	节气的呢喃与喊叫	谈正衡	万卷出版公司
	大闹天宫	闫红兵、袁秋乡;太阳娃插图设计	未来出版社
	这就是二十四节气	高春香、邵敏;许明振、李婧	海豚出版社
	金骏马民族儿童文学精品	叶梅	北京少年儿童出版社
	甲骨时光	陈河	北京十月文艺出版社
	古蜀	王晋康	大连出版社
	中华诗韵	(音像电子类出版物)	人民教育电子音像出版社
	中国春节:全球最大的盛会	(音像电子类出版物)	五洲传播出版社

(续表)

推荐类别	中华语言文化类书目	作者	出版社
2017年向全国老年人推荐优秀出版物	五百年来王阳明	郦波	上海人民出版社
	中国故事：中华文明五千年	中共北京市委宣传部	北京出版社
	朗读者（全三册）	董卿	人民文学出版社
	"中国传统文化经典选读"丛书	谢思炜、陈祖美等	人民文学出版社
	身边汉字·花草字传	文：张一清；读：梁艳	山东友谊出版社
	成人学书法	岳崇	现代出版社

（三）文化系统语言文化类活动

2017年，国家图书馆推出"文津经典诵读"项目，启动领读人计划；举办5场"在文字间穿行"翻译家系列讲座。同时，利用丰富资源进行课程开发，在2017年暑期"历史与艺术的体验"夏令营中开设"古代艺术字""文字象形画"等课程，积极发挥社会教育职能，让孩子们在体验中接受博物馆文化的熏陶。

（四）共青团系统语言文化类活动

2017年，团中央、全国学联、全国少工委、山东省人民政府联合举办第二届"中华学子青春国学荟"。具体活动包括"国学达人"网络赛及省级选拔赛、"六个100"系列活动、"国学达人"挑战赛全国总决赛、中华传统文化齐鲁论坛、中华学子"三礼"教育暨孔子故里行、国学社团青春汇、"奔跑吧，国学达人"户外主题训练营、中华学子泰山文化研学游、中华学子优秀国学成果颁奖礼等。来自全国除港澳台地区以外的31个省（区、市）和建设兵团的1.9万所小学、7,808所初中、5,144所高中、2,263所大学的228.6万名青少年参与活动。

此外，全国学联、中华诗词学会、中华诗词研究院联合主办2017年"聂绀弩杯"大学生中华诗词邀请赛。比赛分为"诗词知识答题"和"古体诗词创作"两个部分，全面考察选手的古典文学修养、经典诗词掌握程度及诗词创作能力。来自台湾淡江大学、香港大学、武汉大学、华中师范大学、北京交通大学、首都师范大学等高校的12名学生选手进入决赛。

第五章 语言文化传承传播

第二节 汉语国际传播

2017年,我国继续深入推进汉语国际教育事业和华文教育事业,进一步促进汉语的国际传播,提升汉语在全球的影响力。汉语国际教育是面向海外非华裔人士的汉语教育事业,由国家汉语国际推广领导小组办公室(简称"国家汉办")规划实施,主要通过在各国建设孔子学院、孔子课堂的方式推进。华文教育是面向海外华侨华人的汉语教育事业,由国务院侨务办公室(简称"国务院侨办")规划实施,主要通过在教材、师资、标准等方面帮扶全球各地华文学校的方式推进。

一、孔子学院建设

孔子学院是以教授汉语和传播中国文化为宗旨的非营利性教育机构,致力于增进世界人民对中国语言和文化的了解,发展中国与外国的友好关系,促进世界多元文化发展,构建人类命运共同体。自2004年11月21日全球第一所孔子学院在韩国揭牌成立以来,孔子学院建设经历了十多年的快速增长期,2017年继续稳健发展。

新增14所孔子学院和40个孔子课堂。孔子学院所在国家(地区)新增6个,分别为几内亚、萨摩亚、刚果(金)、冈比亚、加蓬、中国澳门。

截至目前,已在146个国家和地区设立孔子学院525所,孔子课堂1,113个。现有中外专兼职教师4.62万人,开设各类汉语教学班次7.3万个,年增8%。各类面授学员170万人,年增9.68%(其中注册学员占79%);网络孔子学院学员62万人,年增12.73%。432所孔子学院课程纳入所在学校学分体系,占全球运营总数的85%。示范孔子学院总数达30国48所。

截至目前,"一带一路"沿线有52个国家设立140所孔子学院和135个孔子课堂,比2016年新增1个国家、6所孔子学院和5个孔子课堂。

2017年,孔子学院总部[①]以"深化合作,创新发展,为构建人类命运共同体贡

---

① 设在国家汉办。

献力量"为主题,在西安召开第十二届孔子学院大会。时任国务院副总理、孔子学院总部理事会主席刘延东出席开幕式并发表主旨演讲,为新设孔子学院授牌,为先进孔子学院(课堂)、个人和中方承办院校颁奖。大会首设"孔子学院发展与构建人类命运共同体"论坛,举办15场中外大学校长论坛和孔子学院院长论坛,来自140多个国家和地区的大学校长、孔子学院代表近2,500人出席大会。大会期间套开了全国孔子学院工作座谈会。

2017年,为推动全球孔子学院建设,孔子学院总部分别举办亚洲、非洲、拉丁美洲等8个地区联席会议以及日本、俄罗斯、英国等10个国别会议,组织召开第10届全美汉语大会,促进经验交流和资源共享。同时,强化督导工作机制,组织中外专家督导美国、巴巴多斯等50多个国家的100多所孔子学院。

孔子学院建设加快了中国教育对外开放的步伐,有力促进了中外语言文化交流合作和互学互鉴,有效推动了多元多彩的世界文明发展,对构建人类命运共同体、利益共同体和责任共同体发挥了独特作用,做出了重要贡献。在第十二届孔子学院大会上,刘延东评价孔子学院带给各国人民的不仅仅是学习中国语言文化的机会,更是理解与友谊的"解码器"、深化互利合作的"金钥匙"。孔子学院巧妙地借助语言中性功能,努力推动中国与世界多元文明交流交融,成为汉语和中华文化大规模、成建制地走出去的知名品牌和成功典范。

二、汉语国际教育

(一)师资建设

孔子学院总部全年组织1.8万名中外教师参加《国际汉语教师证书》考试,获证人数累计达5,679人。修订教师培训大纲,培训中外师资4万人次,其中中外方院长207人。向多国派出中方院长、教师和志愿者10,184人。"一带一路"本土教师项目首批招录50人,总部聘用本土教师150人。支持美、俄、德等10个国家12所大学办好汉语师范专业。与德国哥廷根大学等22所世界名校合作设立中国学教席。110所中方院校招收5,700名汉语国际教育硕士生,着力培养新师资,并举办首届"汉教英雄会"教学技能大赛。

(二)教材建设

各国孔子学院编写本土教材累计2,157种。网络孔子学院在线汉语课程30多万节,浏览用户覆盖180个国家1,000多万人,并正式推出"慕课"平台。国际汉语教材编写指南、数字图书馆和中外文化差异案例库用户覆盖184个国家10万人。推进《汉语图解词典》《汉语800字》等5套工具书80个语种翻译工作,出版《论语》《孟子》的英、法、阿3个语种新译本。向118个国家赠售汉语教材和文化读物42万册。发行11个语种61期中外文对照版《孔子学院》期刊。

(三)"孔子新汉学计划"

招收35个国家86名来华攻读或中外联合培养博士生,"理解中国"项目资助31个国家170多名汉学家和青年领袖来华研修。年度注册4,337名孔子学院奖学金新生,其中"一带一路"沿线国家学生占60%。年度评审1,335名在校学历教育奖学金生,通过率94%。毕业生回国后主要从事中外交流和汉语言文化传播工作,其中从事汉语教学的占36%。

(四)语言文化活动

各国孔子学院全年举办各类文化活动4.2万场,受众达1,272万人。其中,举办各类学术会议、讲座和论坛6,978场,年增7%。学术、文化、商务、中医、科技、武术、职业培训等特色孔子学院达80多所。

孔子学院总部以"我的孔子学院故事"为主题举办"开放日",全球360多所孔子学院同步举办"孔子学院日"活动。支持各国孔子学院举办"新六艺"和太极、中医等文化活动。接待各国"汉语桥"师生夏令营和校长访华团组1.7万人。成功举办"汉语桥"第16届世界大学生、第10届世界中学生中文比赛和全球外国人汉语大会。与德国法兰克福书展、美国洛杉矶盖蒂博物馆合作,举办中国饮食文化展、敦煌艺术展。组织24个中方高校团组,分赴45国孔子学院开展文艺巡演121场,受众13万人。

(五)汉语水平考试

截至2017年底,孔子学院总部在全球130个国家和地区设立汉语水平考试考点共 1,100 个,其中境内 358 个、海外 742 个。2017 年新增考点 34 个。海外考点中,"一带一路"沿线国家考点 245 个,孔子学院和独立孔子课堂考点 475 个(新增 21 个)。提供网考服务的考点 417 个,网考覆盖率 38%。

全年各类汉语考试考生 650 万人,年增 8.33%。其中,汉语水平考试(HSK)、汉语水平口语考试(HSKK)、中小学汉语水平考试(YCT)、商务汉语考试(BCT)收费考试考生年增 38%,网考考生年增 39%,海外考生年增 44%,国内考生年增 23%。

汉语考试服务网用户继续扩大,全网累计注册人数已超过 374 万人,年访问量 273 万人。继续深化考教结合、搭建课程体系,为考试提供全方位教材教辅资源。教材出版包括 HSK/YCT/BCT 考试大纲系列、大纲解析系列、真题集系列和准教程系列等 175 种(册)。

三、华文教育

分布在世界近 200 个国家和地区的 6,000 多万华侨华人,是传承和弘扬中华优秀语言文化的重要力量。广大华侨华人创办的近 2 万所华文学校,是中国语言文化在海外传播的重要平台。指导和帮助华侨华人社会教学、传承和弘扬中华优秀语言文化,是国务院侨办的重要职能之一。2017 年,国务院侨办在华文教育标准研制、政策沟通、教材建设、师资建设、华校帮扶等方面开展大量工作,取得显著成效。

(一)规划部署

12 月 19—20 日,在北京召开第四届世界华文教育大会,在总结前期工作成果的基础上,研究部署未来一个时期深化海外华文教育"标准化、正规化、专业化"建设的新思路、新举措。同时,牵头其他 13 家"国家海外华文教育工作联席会议"成员单位,研究制定华文教育第四期(2018—2020 年)工作规划,明确未来三年华文教育工作的指导思想、目标任务、基本原则、主要举措、重大工程和职责分工,推动海外华文学校转型升级发展。

第五章　语言文化传承传播

(二) 政策沟通

分别同泰国洛坤市政府、巴基斯坦旁遮普省高等教育委员会和意大利威尼托大区教育厅签署华文教育合作协议；同匈牙利人力资源部、泰国教育部等有关部门就签署华文教育合作协议达成共识。同时，邀请韩国、泰国、美国、澳大利亚等国家的76位政府官员、主流学校校长来华访问交流，增进他们对我侨务政策和华文教育工作的了解与认知；举办第十三期外国政府官员中文培训班，招收泰国、印尼、老挝、安哥拉、菲律宾、苏里南等国家政府部门的167名青年官员来华进行为期一年的语言文化进修，培养知华、友华的青年干部。

(三) 标准、教材和师资建设

组织专家研制《周末制华校教育教学大纲》《全日制华校教育教学大纲》《周末制华校办学参照性标准》《全日制华校办学参照性标准》，研发推出《华文教师证书》实施方案和华裔青少年华文水平测试标准，为海外华文学校从校务管理、教学安排、课程设置、教师遴选到学业考核等各个环节，初步建立起一套相对完整的参照性标准体系，促进华校不断提高办学的规范化、科学化水平。

完成通用型高中版《中文》的编写工作以及《幼儿汉语》《汉语拼音》《说话》等教材的修订工作。组织力量继续推进面向柬埔寨、澳大利亚、菲律宾等国及中亚、欧洲等地区的8套"本土化"教材的编写工作。向48个国家和地区的华文学校提供各类华文教材450多万册。实施"培训、考核、认证"三位一体的华文教师证书培训，全年共培训1.2万余名华文教师、华校校长及管理人员。

(四) 文化活动

在全国各地组织举办"中国寻根之旅"夏冬令营活动368期，组派优秀教师团队赴21个国家举办"中华文化大乐园"活动28期，组派8支"优秀才艺学生交流团"分赴海外14个国家开展交流巡演，先后举办第六届中华文化大赛、第十八届世界华人少年作文比赛和"发现东方之美"新媒体大赛。全年参加各类文化体验活动的华裔青少年近12万人次。

(五) 华校帮扶

努力构建"以建设示范学校为龙头，以帮助困难华校、扶持新兴华校、支持重

点华教组织和设立华星书屋等为有效补充"的帮扶体系。2017年遴选和资助31所示范学校、73所困难或新兴华校、21个重点华教组织和129个书屋;累计已在50多个国家和地区建设304所示范学校,帮扶294所困难或新兴华校,支持25个重点华教组织,设立607个华星书屋。同时,继续选派国内优秀教师赴海外支教,全年共选派1,065位优秀教师赴33个国家的260余所重点华校任教。

(六)"互联网+华文教育"工程

依托"一网"(中国华文教育网)、"一盒"(华文教育百宝盒)和"一个APP"(侨宝APP),更好地满足海外华校师生学习中华语言文化的需求。2017年,"中国华文教育网"的教材、课程等专业资源更加丰富,日均访问量突破5万;"华文教育百宝盒"制作近百个约3,000分钟的示范课资源,对外配发累计约2,400台,覆盖34个国家和地区;"侨宝APP"设立开通"学中文"频道。

四、汉语在全球的影响力

随着中外经贸往来、区域合作、人文领域交流持续扩大和"一带一路"建设迅速推进,汉语的实用价值日益凸显,中华文化国际影响力显著提升,汉语国际化迎来新的重大契机。目前,60多个国家通过颁布法令政令等方式将汉语教学纳入国民教育体系,170多个国家开设汉语课程或汉语专业。美国、日本、韩国、泰国、印尼、蒙古、澳大利亚、新西兰等国的汉语教学均由第三外语上升为第二外语。2017年,美国开设汉语课的大中小学达5,000多所,学生人数达60万,全美学习使用汉语人数达300万;英国从政府到民间全方位推动汉语教学,包括颁布国家政令、教育部设立专职岗位、每年定期巡视汉语教学课程、培养本土汉语教师等,5,200多所中小学开设汉语课,到2020年全英学汉语人数计划达到40万;泰国3,000多所中小学开设汉语课程,学生超过100万人;智利、柬埔寨、坦桑尼亚、克罗地亚、澳大利亚等12国国家元首或政府首脑,以及60多国400多位政要、部长出席孔子学院相关活动。

第五章　语言文化传承传播

第三节　语言文化交流合作

2017年,教育部、国家语委进一步深化海峡两岸以及内地与港澳的语言文化交流合作,以语言文字凝聚国家认同与民族认同。同时,进一步加强语言文字国际交流与合作,继续推动设立海外普通话培训测试中心、推动语言文字学术国际出版、组织实施语言文字国际高端专家来华交流项目,成功举办首届中国北京国际语言文化博览会,充分展示了我国语言文字事业的成绩和特色,增强了与世界各国的语言文化交流互鉴,促进了国家语言文字事业的科学发展。

一、两岸语言文化交流合作

(一)两岸合作编纂中华语文工具书

为消除海峡两岸在汉语言文字的具体使用和外来词语的翻译使用上出现的部分字词的形、音、义差异,方便两岸人民的沟通和语言文字应用,加强两岸文化交流合作,2009年《第五届两岸经贸文化论坛共同建议》提出,"鼓励两岸民间合作编纂中华语文工具书"。2010年以来,两岸启动中华语文工具书合作编纂工作。大陆方面成立由辞书编纂、信息技术、科技名词对照等方面的专家组成的两岸合编中华语文工具书大陆编委会,台湾方面由中华文化总会负责统筹。两岸专家学者秉持"积极推动、先易后难、循序渐进、求同存异"的原则,相互尊重,平等合作,取得系列成果。两岸先后开展十轮会谈和多次分组会谈,举办合作成果发布会,开通两岸"中华语文知识库"网站并实现互通互联。先后出版《两岸常用词典》《两岸差异词词典》《两岸生活常用词汇对照手册》《两岸科学技术名词差异手册》《两岸通用词典》《两岸科技常用词典》。2017年,两岸继续推进《中华语文大词典》《中华科学技术大词典》编写工作,对两岸"中华语文知识库"网站进行改版。

(二)两岸语言文字交流与合作协调小组活动

两岸语言文字交流与合作协调小组成立于2013年,旨在整合海峡两岸语言

文字领域已有交流主题和框架,进一步推动两岸语言文字交流与合作,促进两岸经贸文化等各领域交流。协调小组成员由大陆各相关语言文字学术团体推荐,开展交流合作主要采取民间形式,按照积极稳妥、合作共赢的基本方针,本着"加强交流、增进共识、求同化异、便利应用"的原则开展工作。小组每年召开工作会议,研判两岸语言文化交流发展形势,研究两岸语言文字交流中的重大问题、提出对策建议。2017年度工作会议于3月30日在北京语言大学召开,会议主要研究了如何落实《"十三五"规划》关于"深化内地和港澳、大陆和台湾地区语言文化交流合作"的要求,提出要认真研究台胞在大陆的需求,重视两岸青少年和中青年学者的交流,搭建好交流平台,继续推动民间交流、学术交流,积极稳妥地推进相关工作。

(三) 两岸语言文字学术交流及相关研究

4月10—11日,中国社会科学院语言研究所、南开大学、澳门大学在澳门联合举办以"全球华语的差异与融合"为主题的第十届海峡两岸现代汉语问题学术研讨会,来自海峡两岸及香港、澳门的50余名专家学者参会,就两岸辞书、词汇和名词术语研究,华语传承、传播与推广,信息化、机器翻译与网络语言生活等议题进行深入探讨。

12月1—3日,两岸语言文字交流与合作协调小组在厦门召开第二届两岸语言文字调查研究与语文生活研讨会,来自海峡两岸及香港、澳门的70余名专家学者与会,深入探讨两岸语言文字政策研究,两岸语言资源的调查、开发与保护,两岸辞书编纂,两岸语言教育政策研究等问题。

此外,国家语委年内设立"台湾语言文字信息处理发展状况调查研究"等科研项目,进一步加强相关学术研究。

(四) 两岸大学生语言文化交流

2017年,两岸合作编纂中华语文工具书大陆编委会连续第三年举办两岸大学生诵读书法交流夏令营、连续第二年举办两岸大学生汉字文化创意工作坊,来自两岸的10多所高校的100名大学生参加活动,在活动中将汉字文化创意巧思转化成主题文创产品,学习和交流经典诵读和汉字书法艺术,共同弘扬传承中华优秀文化。

二、内地与港澳语言文化交流合作

(一) 港澳普通话水平测试

2017年,港澳地区共有7,069人次参加普通话水平测试,其中香港6,683人次,澳门386人次。应试者包括学生、教育行业人员、文职人员、服务行业人员、技术人员、行政管理人员等。

与上年相比,测试成绩总体保持稳定。其中,一级甲等0.03%,一级乙等5.87%,二级甲等16.29%,二级乙等29.40%,三级甲等32.81%,三级乙等15.60%。

自1996年普通话水平测试在港澳地区启动以来,已累计测试超过12万人次。

(二) 澳门普通话教材建设

为推动澳门普通话普及工作,提升澳门"普通话科"教育质量和教师专业水平,教育部、国家语委与澳门有关部门议定共同编制一套适合澳门师生使用的权威性普通话教材。5月21—24日,教育部、国家语委赴澳门调研当地普通话教育教学工作,与澳门教育暨青年局及澳门理工学院领导、负责普通话教材编写的人员进行交流,拟定具体合作项目,并到濠江中学和圣罗萨女子中学中文部两所学校观摩教学,与学校教授普通话课程的老师座谈,了解澳门不同教育阶段目前普通话教学的内容与模式,听取关于教材编写的意见与需求。教材计划于2019年5月出版。

(三) 港澳中小学教师普通话培训

教育部、国家语委委托天津国际汉语学院于7月24日—8月2日举办2017年港澳中小学教师普通话能力提升培训班,培训内容包括普通话语音辅导、普通话朗读教学、普通话水平测试、汉语与中国文化等。

(四) 第二届内地大学生港澳展演交流活动

教育部、国家语委于5月21—27日组织开展第二届内地大学生港澳展演交流活动,组织内地大学赴港澳开展优秀朗诵作品展演交流。来自中国传媒大学、暨南大学、广州大学的30名师生组成的交流团,先后在澳门圣保禄学校、香港基督教家庭服务中心举行诵读展演;分别到澳门的圣罗萨英文中学、澳门坊众学校、何东中葡小学,以及香港的福建中学、沙田东华三院冯黄凤婷中学,与师生们进行交流互动。活动通过朗诵作品展演、讲座、交流互动等多种方式分享诵读魅力,与港澳同胞共同体味中华文化的广博与精深,增进了内地与港澳学生之间的交流互动与感情融合。

三、语言文字国际交流合作

(一)海外普通话培训测试中心建设

4月,教育部、国家语委在美国纽约大学石溪分校设立第二家海外普通话培训测试中心[1]。该中心致力于提高国际汉语教师普通话水平,为当地汉语教师和汉语学习者提供培训和测试,研究开发普通话课程教材,开展经典诵读书写等中外语言文化交流和学术研究活动。

(二)语言文字学术国际出版

教育部、国家语委先后推动出版《中国语言生活状况报告》日文版第1卷和韩文版第2卷,在日本和韩国社会尤其是语言学界引发广泛关注。同时,推动出版《中法语言政策研究》(第三辑),汇聚展示第三届中法语言政策与规划国际研讨会[2]的学术成果。

(三)国家语委语言文字国际高端专家来华交流项目

来自英国、法国、爱尔兰、以色列等10余个国家的15位国际知名专家先后受邀来华,通过主题讲座、学术研讨会、项目工作会、师生座谈等方式,在相关高校和研究机构开展学术交流,介绍国际语言政策研究的最新热点问题,主题涵盖语言管理理论、虚拟民族志方法、互联网语言使用新进展等。相关专家还与我国的科研机构建立学术联系,积极宣传推介中国语言政策和语言规划的研究成果,

---

[1] 第一家海外普通话培训测试中心于2016年在荷兰设立。
[2] 该会议于2016年11月在北京召开。

促进我国语言政策研究的国际化,推进中外学术交流。

(四) 地名标准化国际交流

8月7—18日,民政部会同外交部等单位组成中国政府代表团赴美国纽约参加第11届联合国地名标准化大会暨第30届联合国地名专家组会议。会议总结了联合国地名标准化大会50年的发展历程和工作成果;各国政府就执行联合国关于地名标准化的各项决议所采取和拟采取的措施、国内地名标准化、地名文化遗产、外来语地名、国家名称、地名信息化、地名罗马化、地名教育与培训等内容进行讨论。来自60多个国家和组织的271名地名专家和代表出席会议。我国代表团提交《中国分部报告》等1主4副共5份报告,并制作发放"地名文化扇"等宣传品,向国际社会宣传推介我国近年来地名标准化工作成就。

四、首届中国北京国际语言文化博览会

首届中国北京国际语言文化博览会(简称"语博会")是第12届中国北京国际文化创意产业博览会(简称"文博会")的重要组成部分,由国家语委、中国联合国教科文组织全国委员会支持,由北京市语委、孔子学院总部、中国国际贸易促进委员会北京市分会、北京市文化局、北京语言大学、中国翻译协会承办,于9月11—13日在中国国际展览中心举行。展会期间,有关单位举办"语言科技与人类福祉"国际语言文化论坛、"一带一路"语言文化高峰论坛,进一步丰富了首届语博会的内容。

(一) 展会

首届语博会以"语言,让世界更和谐,文明更精彩"为主题,分为成就展示区、企业事业展示区和展演互动区,展示党的十八大以来中国语言文化建设成就,我国有关企事业单位在语言科技、语言服务、语言出版、语言教育、语言规划等方面取得的成果,以及语言类非物质文化遗产等,呈现世界语言文化交流互鉴。

(二) 论坛

1. "语言科技与人类福祉"国际语言文化论坛

"语言科技与人类福祉"国际语言文化论坛是首届语博会的主论坛,由国家

语委主办,北京外国语大学承办,北京市语委、外语教学与研究出版社、商务印书馆、科大讯飞股份有限公司、中国辞书学会等单位共同协办,于9月12日在北京外国语大学举行。论坛是全球经济一体化、文化多元化时代背景下,促进语言与科技融合、谋求人类福祉的一次盛会,为各国学者搭建深入交流的平台。论坛彰显国际性、思想性与学术性,9位中外学者做大会主旨发言。论坛设"语言政策与语言教育""语言智能与产业发展""工具书与文化传承""语言康复与人类健康"4个分论坛,采用专题发言、研讨互动、课题展示和特别推介等多种形式进行,200余名学者参加交流研讨。

2．"一带一路"语言文化高峰论坛

"一带一路"语言文化高峰论坛是首届语博会的重要组成部分,由教育部、国家语委、中国联合国教科文组织全国委员会、孔子学院总部支持,北京语言大学承办,于9月13日在北京语言大学举行。论坛以"东渐西传,文明互鉴"为主题,包括人文交流、语言互通、文明互鉴、文化传承、非物质文化遗产保护、"一带一路"语言文化青年论坛等分论坛。来自"一带一路"沿线国家的代表以及国内外相关领域的专家学者,围绕"一带一路"与中外人文交流、"一带一路"语言规划与语言人才需求等多领域话题展开深入交流与探讨。论坛期间,来自中国、美国、埃及、俄罗斯、哥斯达黎加的北京语言大学优秀学生代表各自用本国语言宣读《"一带一路"语言文化交流青年倡议》。

(三) 影响与意义

9月12日上午,教育部副部长、国家语委主任杜占元,北京市副市长、市语委主任王宁,联合国教科文组织执行局局长迈克尔·沃博思出席主论坛和展会并发表致辞,与19位驻华使节共同见证64个"一带一路"沿线国家的留学生代表发出《"一带一路"语言文化交流合作倡议》。

首届语博会的成功举行,填补了世界华语区语言类博览会的空白,对促进语言文化的国际交流、传播弘扬中华文化、增强国家软实力、增强文化自觉与文化自信具有积极的推动作用。

第四节　中华思想文化外译传播

加强中华思想文化外译传播工作,构建融通中外的话语体系,是建设社会主义现代化强国的重要任务。2017年,中共中央编译局(简称"中央编译局")、中国外文出版发行事业局(简称"中国外文局")、教育部、国家语委等部门大力推进习近平新时代中国特色社会主义思想、中央文献、时政术语(中国关键词)和传统文化术语的多语种对外翻译与传播,取得重要成效。

一、《习近平谈治国理政》外译传播

由中共中央宣传部(国务院新闻办公室)会同中央文献研究室、中国外文局编辑,外文出版社出版的《习近平谈治国理政》"全面系统回答了新的时代条件下中国发展的重大理论和现实问题,是国际社会了解当代中国的重要窗口、寻找中国问题答案的一把钥匙"[①]。其多语种版的出版发行,对全面准确地阐释以习近平同志为核心的党中央的治国理念和执政方略,增进国际社会对中国发展理念、发展道路、内外政策的认识和理解,回应国际社会关切,具有重要意义。

目前,《习近平谈治国理政》已出版两卷。第一卷收录习近平总书记在2012年11月15日至2014年6月13日期间的讲话、谈话、演讲、答问、批示、贺信等79篇;第二卷收录习近平总书记在2014年8月18日至2017年9月29日期间的99篇重要著作。

第一卷自2014年以来已出版24个语种、27个版本,包括中、英、法、俄、阿、西、葡、德、日、韩、越南、尼泊尔、泰、柬埔寨、乌尔都、土耳其、匈牙利、蒙古、意大利、阿尔巴尼亚、乌兹别克、哈萨克、缅甸和老挝等语种,以及中文繁体版、西班牙文秘鲁版、俄文俄罗斯版等版本。第二卷中文简体版、英文版于2017年11月出版;法、俄、阿、西、葡、德、日、中文繁体版于2018年4月出版。

为将《习近平谈治国理政》推广到全世界,中国外文局、外文出版社以2014

---

① 蔡名照.全面客观认识当代中国的重要文献——《习近平谈治国理政》介绍[N].人民日报,2014年9月29日。

年10月在法兰克福国际书展上举办的《习近平谈治国理政》全球首发式为起点，通过举办首发式、研讨会、座谈会，建立中国图书中心，成立海外联合编辑部和举办图书展销周、展销月等形式多样的国际推广活动，逐步形成以对外传播习近平新时代中国特色社会主义思想为中心，高规格、高密度，服务大局、配合高访，侧重海外、接轨国际，形式多样、注重实效的国际推广模式。通过积极的国际推广，《习近平谈治国理政》在国际社会产生了重要影响，柬埔寨首相洪森、美国前国务卿亨利·基辛格、德国前总理施罗德等多国政要、学者和读者都对该书给予高度评价，各国媒体也给予积极关注和充分报道。

此外，中国外文局、外文出版社还以重要国际会议和展览为契机，向各国贵宾和世界媒体集中展示《习近平谈治国理政》，满足和保证他们对习著多语种版图书的取阅需求。近年来，先后顺利圆满地完成博鳌论坛、亚太经合组织领导人第二十二次非正式会议、二十国集团（G20）领导人杭州峰会、"一带一路"国际合作高峰论坛、金砖国家领导人厦门会晤、中国共产党与世界政党高层对话会、南南人权论坛等一系列在我国召开的重要国际会议的多语种版用书需求，同时利用这些全球瞩目的机会向各国与会者进行宣传推介。

2017年11月7日，第二卷正式出版，再次引发全球关注。在11月27日举行的第二卷国际合作翻译出版签约仪式上，来自意大利、波兰、乌克兰、阿尔巴尼亚、罗马尼亚、肯尼亚、塔吉克斯坦、越南、巴基斯坦、孟加拉国、柬埔寨、老挝、蒙古、尼泊尔、斯里兰卡和阿富汗的16个国家知名出版机构同外文出版社签署《习近平谈治国理政》（第二卷）国际合作翻译出版备忘录。

二、中央文献对外翻译

中央编译局是负责中央文献对外翻译的中共中央直属机构。2017年，中央编译局牵头组织党的十九大、十二届全国人大五次会议重要文件多文种对外翻译工作，为国际社会了解我国的重大决策提供了高质量的权威译本；同时，积极推进习近平总书记论述摘编翻译、中央文献翻译数据库建设、中央文献翻译研究、中央文献翻译人才培养等工作，成效显著。

（一）中央文献多语种外译

2017年，中央编译局完成外译的中央文献具体见表5.4.1。

第五章 语言文化传承传播

表 5.4.1 2017 年中央编译局完成外译的中央文献

类别	文件名称	外译语种
党的十九大会议文件	决胜全面建成小康社会 夺取新时代中国特色社会主义伟大胜利（党的十九大报告）	英、法、俄、西、日、德、阿、葡、越、老挝共 10 个语种，与党的十八大相比，新增了葡、越、老挝 3 个语种
	中国共产党章程（修正案）	
	《中国共产党章程（修正案）》说明	
	中共十九大关于十八届中央委员会报告的决议	
	中共十九大关于十八届中央纪律检查委员会工作报告的决议	
	中共十九大关于《中国共产党章程（修正案）》的决议	
	中共十九大闭幕词	
2017 年全国两会会议文件	十二届全国人大五次会议《政府工作报告》	英、法、西、俄、日、德、阿
	十二届全国人大五次会议《政府工作报告》（要点版）	英
	关于 2016 年国民经济和社会发展计划执行情况与 2017 年国民经济和社会发展计划草案的报告	英、法、西、俄、日
	关于 2016 年中央和地方预算执行情况与 2017 年中央和地方预算草案的报告	英、法、西、俄、日
	全国人民代表大会常务委员会工作报告	英
	中国人民政治协商会议全国委员会常务委员会工作报告	英
	十二届全国人大四次会议《政府工作报告》解读	英、日
领导人著述	习近平关于全面依法治国论述摘编	英、法、俄、西、日、德、阿
	习近平关于党风廉政建设和反腐败斗争论述摘编	英、法、俄、西、日、阿
	胡锦涛文选	（前期筹备）
其他	中国共产党历史（第一卷）下册	英、法、俄、西、日
	求是（2017 年 4 期）	英
	"一带一路"建设海上合作设想	俄、西、日、德、阿

（二）中央文献多语种数据库建设

在 2017 年中央文献对外翻译工作中，中央编译局积极推广应用机器辅助翻译软件 SDL Trados，并加快 Trados 翻译记忆库及术语库建设。截至 2017 年底，英、法、西、俄、日、德、阿 7 个语种已全部或部分完成《毛泽东选集》《周恩来选集》

《刘少奇选集》《邓小平文选》，以及习近平论述摘编、党代会和两会文件、《求是》杂志英文版等已核定中外文语料的对齐及录入工作，共计录入中文1,400万字、外文1,250万字。

在Trados已有翻译记忆库及术语库日益丰富的基础上，为系统收集整理中央文献翻译成果，运用大数据手段整合当代中国重要政治文献多语种数据，为我国外宣、外事以及外语教学研究单位提供权威性文献资料和规范的译本参考，向国际社会准确全面地展示党和国家重大政治决策，深化国际社会对中国的正确认识，中央编译局于9月申报年度国家社会科学基金重大项目——"当代中国重要政治文献多语种数据库建设"，获批立项并顺利启动。

该项目将通过建设"当代中国重要政治文献中文语料库""当代中国重要政治文献多语种语料库""当代中国重要政治文献多语种专题库""当代中国重要政治文献多语种术语库"4个子库，全面构建为政治学研究和外事、外交、外宣翻译服务的，以中文为中心语言，涵盖我国目前政治文献对外翻译主要语种的大型基础性数据库平台。该数据库将成为当代中国语种最多、专题最多、内容最丰富、子库形式最多样的政治性多语种平行数据库，涉及中、英、俄、法、西、日、阿、德8个语种，涵盖政治、经济、社会、文化、生态、国防、外交、党建8个领域，资料来源时间跨度长、涉及领域广，填补我国甚至国内外平行语料库研发领域的大型多语种平行语料库建设空白。

（三）中央文献翻译研究

举办第三届中央文献翻译与研究论坛。论坛由中央编译局中央文献翻译部、中央编译局《国外理论动态》杂志社、天津外国语大学中央文献翻译研究基地主办，四川外国语大学承办，于11月24—26日在四川外国语大学举行。论坛聚焦中国重要概念与对外话语体系建设，从政治文献的翻译理念、策略、流程管理和人才培养等多个方面，重点研讨我国政治话语的对外翻译与传播。

召开中国译协第三十届中译英研讨会。会议于5月25日在北京举行，与会翻译与研究人员分享了中译英最新实践及研究成果，为中央文献英文翻译工作提供了重要参考。

（四）中央文献翻译研究基地建设与人才培养

规范并增设研究基地及调研基地。分别与天津外国语大学合作设立"中共中央编译局中央文献翻译研究基地",与福建省委党校合作设立"中共中央编译局对外话语体系建设调研基地"。

继续做好研究生联合培养工作。年内共培养研究生21人,同时继续支持天津外国语大学"党和国家重要文献对外翻译研究"方向博士和硕士研究生的培养工作,共同探讨硕博士研究生的实习模式与方法,进一步提升研究生的翻译实战能力与业务水平。

三、中国关键词多语种对外传播

"中国关键词多语种对外传播平台"[①]是中国外文局、中国翻译研究院和中国翻译协会联合组织实施,于2014年启动的国家重点项目。项目主要围绕习近平新时代中国特色社会主义思想,进行中文词条专题编写、解读以及多语种编译,通过平面、网络和移动社交平台等多媒体、多渠道、多形态,及时持续对外发布,旨在以国外受众易于阅读和理解的方式,阐释中国理念和中国思想,解读中国政策和中国道路。

(一)"中国关键词"多语种发布

目前平台已推出中外文对照的"中国关键词"词条380个,每个词条列有15个语种的词目和释义解读。15个语种包括中、英、法、俄、西、阿、德、葡、意、日、韩、越、印尼、土耳其、哈萨克。380个词条的内容分为"党的建设""政治建设""国际形势和外交战略"等14类,具体见表5.4.2。

表 5.4.2 "中国关键词"内容分类与示例

序号	类别	数量	示例
1	党的建设	39	"两学一做"学习教育;"三严三实"专题教育;赢得反腐败斗争压倒性胜利
2	政治建设	51	国家监察体制改革;统筹推进"五位一体"总体布局;协调推进"四个全面"战略布局
3	国际形势和外交战略	31	"亲、诚、惠、容"的周边外交理念;推进全球治理体系变革;中国特色大国外交

---

① 平台网址:http://www.china.org.cn/chinese/china_key_words/。

第四节 中华思想文化外译传播

(续表)

序号	类别	数量	示例
4	经济建设	25	创新驱动发展战略;稳中求进的工作总基调;中国经济新常态
5	全面深化改革	30	供给侧结构性改革;"内轮差效应";深化机构和行政体制改革
6	中国特色社会主义	30	习近平新时代中国特色社会主义思想;新时代中国社会主要矛盾;中国特色社会主义理论体系
7	"十三五"规划	13	人才优先战略;网络强国战略;五大发展理念
8	中国梦	5	中国道路;中国梦;中国精神
9	生态环境及社会治理	30	打好扶贫攻坚战;坚持人与自然和谐共生;绿水青山就是金山银山
10	"一带一路"倡议	64	瓜达尔港自由区;科伦坡港口城
11	抗日战争	21	东京审判;《论持久战》;中国远征军
12	民族和宗教	21	大力培养和选拔少数民族干部;寺管会;藏传佛教活佛转世管理办法
13	中美关系	13	构建中美新型大国关系;瀛台会晤;"与台湾关系法"
14	国防和军队建设	7	新形势下军事战略方针;依法治军、从严治军;中国特色强军之路
	合计	380	

(二) 图书出版

1.《中国关键词》(第一辑)

收录词条90个,涵盖中、英、法、俄、西、阿、德、葡、日、韩10个语种。输出俄、德、阿、印地、阿尔巴尼亚、日、韩、土耳其、波兰、英、中文繁体版11种版权,达成蒙古文版、古巴地区西文版和澳大利亚地区英文版的输出意向。

2.《中国关键词:"一带一路"篇》

收录词条59个,涵盖中、英、法、俄、西、阿、德、葡、意、日、韩、越、印尼、土耳其、哈萨克15个语种。输出俄、德、阿、印地、土耳其、韩、波兰、阿尔巴尼亚、中文繁体版9种版权,达成蒙古文版、古巴地区西文版和澳大利亚地区英文版的输出意向。

(三) 成果传播

项目与中国外文局旗下外宣期刊社北京周报社、人民画报社、今日中国杂志社、人民中国杂志社和中国报道杂志社建立合作关系,在各外宣期刊上开设"中国关键词"专栏,以 14 种外语定期推送项目成果。

项目依托中国网以及外宣期刊多语种海外微传播平台,在境外脸书(Facebook)、推特(Twitter)以及微信公众号等社交媒体持续推送中、英、法、西、德、日、阿、俄等多语种"中国关键词"。

项目委托"中国网"推出中英双语视频动画节目"碰词儿",并通过中国互联网新闻中心专题网站、移动端、微信公众号以及脸书、推特等海外社交媒体平台进行海外推广。到 2017 年 9 月,节目共推出 68 期,脸书总阅读量超 5,000 万次,视频总播放量超 652 万次,总互动量超 10 万次。

项目成果受到多方关注与积极传播。中共中央对外联络部对外党际交流英文电子网刊 China Insight 开设"中国关键词"专栏,每月向全球 160 多个国家和地区的 600 多个主要政党政要和知名智库、学者、主流新闻媒体等定向推送项目成果。此外,《中国关键词:"一带一路"篇》多语种内容被国家发改委"一带一路"官网、央视网、国际在线等中央外宣主流媒体引用并对外传播。

四、中华思想文化术语整理与外译

中华思想文化术语是由中华民族主体所创造或构建,凝聚着中华哲学思想、人文精神、思维方式、价值观念,以词或短语形式固化的概念和文化核心词[①]。为传承传播中华优秀文化、提升中华文化国际影响力,2014 年我国启动"中华思想文化术语传播工程"。

工程的核心任务是整理、诠释、翻译中华思想文化术语,并通过政府和民间的各种社会组织、传媒机构及各种传媒手段向国内国际广泛传播。工程遴选并确定术语备选条目共 900 余条,包括哲学术语、历史术语和文艺术语三大类。

截至 2017 年底,已完成 500 条术语的整理、编写,出版《中华思想文化术语》第 1—5 辑,每辑收录 100 条术语,每条术语下列出中英文对照的词目和释义。

---

① 编委会. 中华思想文化术语(第一辑)[M]. 北京:外语教学与研究出版社,2015.

在此基础上,工程进一步通过输出该图书的版权向全球传播中华思想文化术语。已输出版权涵盖 11 个语种,包括亚美尼亚语、西班牙语、马来语、阿尔巴尼亚语、保加利亚语、法语、波兰语、尼泊尔语、土耳其语、阿拉伯语、僧伽罗语。其中,已出版的有 7 种,具体为亚美尼亚语、西班牙语、马来语、阿尔巴尼亚语、波兰语、尼泊尔语、保加利亚语。加上英语,目前经过整理的 500 条中华思想文化术语已实现 8 个外语语种的多语种传播。

已完成整理、编写、翻译和出版的 500 条术语中:哲学术语 178 条,如"信、勇、智、心斋、尚贤、舍生取义、乐天知命"等;历史术语 163 条,如"法、龙、春秋、公正、爱民、天下为公、讲信修睦"等;文艺术语 159 条,如"理趣、含蓄、气韵、标举兴会、春秋笔法"等。具体见表 5.4.3。

表 5.4.3 《中华思想文化术语》第 1—5 辑收录术语情况

	哲学术语	历史术语	文艺术语	出版年份
第 1 辑	29	33	38	2015 年
第 2 辑	33	34	33	2016 年
第 3 辑	44	29	27	2016 年
第 4 辑	33	33	34	2017 年
第 5 辑	39	34	27	2017 年
合计	178	163	159	

2017 年,工程出版《中华思想文化术语》第 4 辑和第 5 辑,两辑共收录术语 200 条,其中哲学术语 72 条、历史术语 67 条、文艺术语 61 条。

五、中国特色话语对外翻译标准化术语库建设

中国特色话语对外翻译标准化术语库(简称"术语库")[①]是中国外文局、中国翻译研究院主持建设的国家级多语种权威专业术语库,是服务国家话语体系建设和中国文化国际交流的基础性工程。

术语库以习近平新时代中国特色社会主义思想术语和中国特色文化术语为主要内容。目前已发布中国最新政治话语、马克思主义中国化成果、改革开放以来党政文献、敦煌文化等多语种专业术语 5 万余条,并已陆续开展少数民族文

---

① 术语库网址:http://210.72.20.108/index/index.jsp。

化、佛教文化、中医、非物质文化遗产等领域的术语编译工作。

术语库以语种的多样性、内容的权威性为突出特色，提供中文与英、法、俄、德、意、日、韩、西、阿等多种语言的术语对译查询服务。以外语译文、中文释义、近义词、经典文献例句、网络参考例句等具体内容为载体，全面展现术语的文化内涵和适用语境，旨在为对外翻译传播工作提供术语及相关知识的数据资源服务，确立国家主导的中国特色话语外译标准。

术语库是完善信息化时代语言服务基础设施，提升新时代党和国家治国理政思想的国际传播能力和影响力，对外讲好中国故事、传播好中国声音的有益成果。

术语库于12月1日在"一带一路"中的话语体系建设与语言服务发展论坛暨2017中国翻译协会年会上正式发布上线。

六、中国话语海外认知度调研

2017年，中国外文局所属当代中国与世界研究院和央视新闻中心共同策划，联合北京零点有数数据科技集团组织实施，开展中国话语海外认知度调研。调研以拼音外译为切入点，从一个侧面研究中国话语在英语世界主要国家民众间的认知状况和中国话语在世界的认知走势。调研在美国、英国、澳大利亚、菲律宾、南非、加拿大、新加坡和印度8个英语圈国家同步展开。通过调研，得出以拼音形式进入英语话语体系的中文词汇认知度TOP100总榜单。具体见表5.4.4。

表5.4.4　以拼音形式进入英语话语体系的中文词汇认知度TOP100总榜单

排名	词汇	排名	词汇	排名	词汇	排名	词汇
1	少林	26	清明	51	嗲	76	两会
2	阴阳	27	谢谢	52	干杯	77	和谐
3	元	28	饺子	53	春联	78	支付宝
4	天安门	29	长江	54	元宵	79	中国制造
5	你好	30	和平	55	反腐	80	"一带一路"
6	武术	31	普通话	56	中华	81	党
7	气	32	买单	57	中庸	82	真实亲诚
8	气功	33	蘑菇	58	中国	83	干部
9	人民币	34	天坛	59	端午	84	金丝猴
10	麻将	35	豆腐	60	春运	85	毛笔

(续表)

排名	词汇	排名	词汇	排名	词汇	排名	词汇
11	胡同	36	官	61	黄河	86	公安
12	户口	37	八卦	62	对不起	87	灯笼
13	龙	38	麻烦	63	创新	88	针灸
14	拼音	39	重阳	64	春节	89	小康
15	红包	40	故宫	65	华夏	90	网购
16	功夫	41	央行	66	蹴鞠	91	"十三五"
17	太极	42	老外	67	火锅	92	煎饼
18	关系	43	妈祖	68	中秋	93	高铁
19	师父	44	孔子	69	土豪	94	中国故事
20	大妈	45	反贪	70	枸杞	95	命运共同体
21	嫦娥	46	长城	71	悟空	96	丝绸之路
22	老子	47	孙子	72	馒头	97	兵马俑
23	道	48	儒	73	代购	98	中国道路
24	凤	49	孟子	74	中国梦	99	中国声音
25	武侠	50	熊猫	75	共产党	100	宫保鸡丁

进入认知度TOP100榜单的词汇涵盖政治话语、经济科技、宗教哲学、文化图腾、自然景观、武术功夫、节日民俗、传统美食等类别,内容丰富,领域广泛,彰显了新时代中国的国际影响力。

榜单显示,中国特色政治话语成为以拼音形式进入英语话语体系的重要词源,如"中国梦、'一带一路'、'十三五'、中国故事、命运共同体、中国道路、中国声音"等;中国经济、科技发展进步带动世界经济与科技话语的创新,如"红包、支付宝、网购"等;部分已有较为固定的英文译法的词语,其拼音形式在使用频率和认可度方面正逐渐与已有英译形成竞争关系。

七、中华文化外译出版

2017年,国家新闻出版广电总局积极推进中华文化外译与国际出版。丝路书香工程资助翻译出版272种图书,经典中国国际出版工程资助翻译出版87种图书,中国当代作品翻译工程(第五期)资助翻译出版中国优秀原创文艺图书15种,中俄、中阿(盟)等中外图书互译出版项目共翻译出版109种图书,一大批优秀中国图书走向世界各地。全年组织参加国际书展40多个,成功举办阿布扎

第五章 语言文化传承传播

比国际书展中国主宾国活动,展出中国优秀精品图书3,000多种;89个国家和地区参展第24届北京国际图书博览会,博览会达成中外版权贸易协议5,262项,输出引进比为1.61:1,连续7年实现顺差。我国新闻出版企业在海外设立各类分支机构400多家,与70多个国家的500多家出版机构建立合作伙伴关系。"中国书架"已在埃及、阿联酋主流书店落户4家,"新知华文书局"海外落地8家,"尼山书屋"海外落地27家,亚马逊"中国书店"在线品种68.5万种、海外发货37.71万册,百家海外华文书店销售中国图书56.8万册、销售金额1,490万元。全年出版物版权输出超过1万种,与"一带一路"沿线国家版权贸易量近6,000种,输出对象区域、语种结构不断优化,实物出口规模不断增长。

2017年,文化部积极组织海外汉学家、翻译家来华研究中国语言文化,译介中国作品。举办"中外文学出版翻译研修班""中外影视译制合作高级研修班",邀请116名国际优秀文化传播和语言翻译人才来华选译中国作品,推动一批中国语言文化精品"走出去"。同时,组织出版《四书五经200句》(中英文版),并在编多语种版本的《中国文化知识辞典》。

第六章 语言治理体系构建

2017年,我国继续从依法监督管理、创新服务引导、强化科研支撑、落实保障体系等方面加强建设,进一步完善"政府主导、语委统筹、部门支持、社会参与"的语言文字工作体制机制,积极促进语言文字领域治理体系与治理能力的现代化。

第一节 语言文字工作督查

开展语言文字工作督查,是推动地方各级政府及其有关部门依法落实语言文字工作职责的重要举措。21世纪以来,我国先后开展了城市语言文字工作评估和语言文字工作督导评估。

一、城市语言文字工作评估

城市语言文字工作评估启动于2001年,目的是提高城市语言文字应用规范化水平及其管理水平,评估对象是省级(包括副省级)、地级和县级三类城市的地方政府,评估内容是考察各类城市是否达到了1997年全国语言文字工作会议提出的"普通话初步普及,汉字的社会应用基本规范"的跨世纪奋斗目标。

在组织机制上,一类城市(省级和副省级城市)评估由教育部、国家语委直接组织实施,二类城市(地级城市)和三类城市(县级城市)评估由地方省级语言文字工作部门和教育行政部门组织实施。目前,一类城市评估完成率100%,教育部、国家语委于2012年完成了对全国36个一类城市的评估;二类城市评估完成率90.06%,2017年评估10个,历年累计384个;三类城市评估完成率62.47%,2017年评估245个,历年累计1,511个。

从地方上看,各省(区、市)进度不一。到2017年,全面完成辖区内二、三类

第六章 语言治理体系构建

城市评估的共 12 个,比上年增加 3 个,具体为北京、天津、河北、黑龙江、上海、江苏、浙江、湖南、广西、河南、湖北、甘肃①。尚未完成二类城市评估的 6 个,比上年减少 2 个;尚未完成三类城市评估的 19 个,比上年减少 3 个。

全国城市语言文字工作评估情况(截至 2017 年底)具体见表 6.1.1。

表 6.1.1　全国城市语言文字工作评估情况(截至 2017 年底)

序号	地方省级单位	一类城市		二类城市			三类城市			是否全面完成
		达标数	完成比例	达标数	2017新增	完成比例	达标数	2017新增	完成比例	
1	北京	1	100%	10	—	100%	—	—	—	是
2	天津	1	100%	16	—	100%	—	—	—	是
3	河北	1	100%	10	—	100%	144	—	100%	是
4	山西	1	100%	10	—	100%	88	11	88%	
5	内蒙古	1	100%	13	—	100%	62	—	76%	
6	辽宁	2	100%	20	—	100%	20	3	24%	
7	吉林	1	100%	7	2	78%	5	2	13%	
8	黑龙江	1	100%	12	—	100%	72	—	100%	是
9	上海	1	100%	15	—	100%	1	—	100%	是
10	江苏	1	100%	12	—	100%	61	—	100%	是
11	浙江	2	100%	10	—	100%	61	—	100%	是
12	安徽	1	100%	16	—	100%	37	7	62%	
13	福建	2	100%	9	—	90%	28	2	42%	
14	江西	1	100%	10	—	100%	60	13	69%	
15	山东	2	100%	20	—	100%	77	23	73%	
16	河南	1	100%	17	—	100%	110	87	100%	是/新
17	湖北	1	100%	17	—	100%	67	2	100%	是/新
18	湖南	1	100%	14	—	100%	122	—	100%	是
19	广东	2	100%	22	—	100%	68	4	56%	
20	广西	1	100%	13	—	100%	78	—	100%	是
21	海南	1	100%	3	3	100%	2	2	14%	

---

① 河南、湖北、甘肃为 2017 年新增。

（续表）

序号	地方省级单位	一类城市		二类城市			三类城市			是否全面完成
		达标数	完成比例	达标数	2017新增	完成比例	达标数	2017新增	完成比例	
22	重庆	1	100%	15	—	100%	14	—	88%	
23	四川	1	100%	23	3	68%	14	10	11%	
24	贵州	1	100%	8	—	100%	47	29	53%	
25	云南	1	100%	15	1	100%	50	31	45%	
26	西藏	1	100%	6	—	100%	40	6	54%	
27	陕西	1	100%	11	—	100%	60	9	56%	
28	甘肃	1	100%	13	—	100%	87	1	100%	是/新
29	青海	1	100%	2	1	19%	1	1	4%	
30	宁夏	1	100%	2	—	50%	0	—	0	
31	新疆	1	100%	13	—	77%	35	2	46%	
32	建设兵团	0	—	0	—	0	0	—	0	
	合计与平均	36	100%	384	10	90.06%	1,511	245	62.47%	

二、语言文字工作督导评估

为推动新时代语言文字事业科学发展，国务院教育督导委员会办公室、国家语委办公室于2015年决定在全国开展语言文字工作督导评估。督导内容包括语言文字事业发展的制度建设、条件保障和发展水平。5年为一个周期[①]，期间各省级政府及其语言文字工作部门应对所辖地（市）、县两级政府推进语言文字工作情况进行全覆盖的督导。

（一）语言文字工作督导专家库建设

2017年，国务院教育督导委员会办公室、国家语委办公室联合成立国家语委语言文字工作督导专家委员会，建设督导专家库，为全面开展语言文字工作督导评估落实了人员保障。

---

① 第一个周期为2016年至2020年。

(二) 部分省(区)县域语言文字工作国家级督导试点

国家级督导采取定点抽查与随机抽查相结合的方式,以点带面,推动督导评估工作在各地全面铺开。2017年,国务院教育督导委员会办公室、国家语委办公室组织语言文字工作督导评估组对新疆、江西、湖北、福建4省(区)的8个县级政府进行了国家级督导试点,具体包括:新疆哈密市所辖的伊州区、巴里坤县;江西抚州市所辖的临川区、金溪县;湖北宜昌市所辖的西陵区、夷陵区;福建三明市所辖的三元区、尤溪县。

督导评估组严格按照《语言文字工作督导评估暂行办法》[①]的指标要求和操作规程,通过实地检查、随机访谈、资料查核、问卷调查等,对受评地区的语言文字工作进行全方位检查和评估。督导评估组对受评地区的语言文字工作都给予充分肯定,同时也提出了加大语言文字法律法规宣传贯彻力度、提升语言文字规范化水平等方面的工作建议。

(三) 各地督导评估工作启动情况

2017年,全国省级地方政府中,20个制定了本地语言文字工作督导评估标准,16个制定了督导评估操作办法,14个开展了督导评估培训,14个对所辖地、县两级地方政府实施了督导评估,全国督导评估了81个市(区、县)。此外,25个制定了2018年督导评估工作计划。

[①] 国务院教育督导委员会办公室、国家语委办公室于2015年颁布。

第二节　行业领域语言文字工作

党政机关、学校教育、新闻媒体、公共服务行业是语言文字规范使用的四大重点领域,为全社会推广普通话、推行规范汉字发挥着"龙头"作用、基础阵地作用、示范榜样作用和"窗口"作用。2017年,各重点领域主管部门依法主动履行对本行业语言文字使用的监督管理,取得重要进展。

一、教育领域

(一) 规划部署

1月10日,国务院印发《国家教育事业发展"十三五"规划》。《规划》在"五、协同营造良好育人生态"部分的"(二)改善社会育人环境"中指出:"优化语言文字环境。实施国家通用语言文字普及攻坚工程。强化对社会用语用字的监督检查和教育引导。基本普及国家通用语言文字,各级各类学校国家通用语言文字普及率达到95%,语言文字使用规范化程度全部达标。推进中国语言资源保护工程和语言文字规范标准建设。加强语言文字信息化关键技术研究与应用。推进国家手语和盲文规范化建设,加快规范和推广国家通用手语和盲文。加大中华经典资源库建设工作力度。广泛开展中华经典诵读、规范汉字书写等系列活动。继续办好弘扬传播中华优秀语言文化的品牌节目,打造中国语言文化传播品牌。"

1月17日,教育部、国家语委下发《关于进一步加强学校语言文字工作的意见》,明确了当前学校语言文字工作的主要目标、工作措施和要求。指出,学校语言文字工作要打造全社会语言文字规范化建设的示范标杆,培养学生的语言文字应用能力和自觉规范使用国家通用语言文字的意识、自觉传承弘扬中华优秀文化的意识("一种能力两种意识")。要求学校语言文字工作加强机制建设,坚持与教育教学工作相互促进,加强规范化达标建设,加强督导评估,加强组织领导,健全经费保障机制。特别指出,各地可在依照《中小学语言文字工作指导标准》完成达标的基础上,开展各级语言文字规范化示范校创建工作。

第六章 语言治理体系构建

(二) 语言文字规范化示范校创建

2017年,各地继续深入推进语言文字规范化示范校创建工作。全国23个省(区、市)共创建省级示范校725所、地市级示范校4,641所。自2004年教育部、国家语委开展语言文字规范化示范校创建活动以来,全国共创建示范校41,851所,其中国家级示范校1,103所,省级示范校10,226所,地市级示范校30,522所。具体见表6.2.1。

表6.2.1 全国语言文字规范化示范校创建情况

序号	省(区、市)	国家级	省级		地市级		合计	
			2017创建数	历年累计	2017创建数	历年累计	2017	历年
1	北京	34	0	311	0	476	0	821
2	天津	46	0	214	0	87	0	347
3	河北	25	0	531	327	2,101	327	2,657
4	山西	52	76	507	0	65	76	624
5	内蒙古	20	25	170	31	559	56	749
6	辽宁	44	0	374	75	1,013	75	1,431
7	吉林	25	30	304	164	1,079	194	1,408
8	黑龙江	28	0	211	557	1,326	557	1,565
9	上海	35	0	345	8	668	8	1,048
10	江苏	38	0	354	474	2,825	474	3,217
11	浙江	68	0	362	43	1,292	43	1,722
12	安徽	62	29	439	480	1,851	509	2,352
13	福建	38	0	455	0	810	0	1,303
14	江西	49	25	203	59	474	84	726
15	山东	87	0	915	160	3,418	160	4,420
16	河南	52	0	671	203	2,257	203	2,980
17	湖北	44	36	502	71	1,264	107	1,810
18	湖南	34	155	300	869	1,455	1,024	1,789
19	广东	27	0	221	416	1,500	416	1,748
20	广西	44	0	274	0	556	0	874
21	海南	0	0	0	75	75	75	75
22	重庆	16	0	128	0	0	0	144
23	四川	52	0	181	0	397	0	630

(续表)

序号	省(区、市)	国家级	省级		地市级		合计	
			2017创建数	历年累计	2017创建数	历年累计	2017	历年
24	贵州	28	54	283	69	552	123	863
25	云南	32	107	704	113	1,788	220	2,524
26	西藏	28	27	79	61	111	88	218
27	陕西	31	0	321	71	831	71	1,183
28	甘肃	24	156	719	308	1,557	464	2,300
29	青海	0	5	22	7	27	12	49
30	宁夏	23	0	81	0	0	0	104
31	新疆	17	0	45	0	108	0	170
32	建设兵团	0	0	0	0	0	0	0
	合计	1,103	725	10,226	4,641	30,522	5,366	41,851

二、新闻出版广电领域

(一) 出版物"质量管理2017"专项工作

2017年，国家新闻出版广电总局开展了出版物"质量管理2017"专项工作，重点围绕辞书、社科、文艺、教辅、少儿和生活类出版物，分两批次，在总局、主管部门、出版单位三个层面，开展内容质量和编校质量检查，推动出版单位规范使用国家通用语言文字。各级主管部门共检查出版物3,894种，检出不合格出版物190种。总局层面共抽查出版物235种，查处编校质量不合格出版物57种，其中辞书、社科和文艺类出版物33种，教辅、少儿和生活类出版物24种，涉及44家出版单位。总局先后于8月和11月公布总局层面抽查结果，对编校质量不合格出版物的出版单位依法做出行政处罚，并要求相关出版单位在30日内全部收回不合格图书。具体见表6.2.2。

表6.2.2 出版物"质量管理2017"专项工作情况

检查层次	总数	合格	合格率	不合格		
				辞书社科文艺类	教辅少儿生活类	合计
总局层面抽查	235	178	75.74%	33	24	57
各级主管部门检查	3,894	3,704	95.12%	—	—	190

第六章 语言治理体系构建

(二) 报刊编校质量抽查

2017年,国家新闻出版广电总局委托出版产品质量监督检测中心进行了两批次报刊编校质量抽查。第一批抽查重点报刊246种,第二批抽查少儿类报刊174种。按照"报纸差错率不超过万分之三、期刊差错率不超过万分之二"的合格标准,两次抽查的总体合格率为96.48%,好于上年。具体见表6.2.3。

表 6.2.3　2017年报刊编校质量抽查结果

批次	报纸		期刊		总体合格率
	抽查种数	合格率	抽查种数	合格率	
重点报刊	116	97.41%	130	95.38%	96.40%
少儿类报刊	29	96.55%	145	96.55%	96.55%
总体合格率					96.48%

1. 重点报刊编校质量抽查结果

重点报刊抽查涵盖综合、大众服务、行业专业、学术等不同类型,其中部分报刊曾获得"中国出版政府奖·期刊奖""全国百强报刊"等荣誉称号,具有较高的社会知名度和行业影响力。共抽查报纸116种,包括党报、行业专业报、晚报都市报等;抽查期刊130种,包括学术期刊、行业期刊、大众类期刊等。编校质量整体合格率为96.40%,其中报纸和期刊的合格率分别为97.41%和95.38%。具体见表6.2.4。

表 6.2.4　2017年重点报刊编校质量抽查结果

差错率(/万)	报纸数	期刊数	合计	占比
0	6	10	16	6.51%
0(不含)—1(含)	58	67	125	50.81%
1(不含)—2(含)	38	47	85	34.55%
2(不含)—3(含)	11	6(不合格)	20	8.13%
>3	3(不合格)			
合计	116	130	246	100.00%
合格率	97.41%	95.38%	—	—

抽查结果显示,编校质量零差错的报纸共6种,包括《人民日报》《齐鲁晚报》《新文化报》《环球时报》《法制日报》《新华每日电讯》;编校质量零差错的期刊共

10种,包括《求是》《党建》《长安》《人民司法》《老人春秋》《领导文萃》《南方》《社会学研究》《农村工作通讯》《思想理论教育导刊》。差错率在0—1‰的优秀报刊共141种,占总数的57.32%。同时也有3种报纸、6种期刊编校差错率超过合格线。

2. 少儿类报刊编校质量抽查结果

少儿类报刊抽查各地区各部门报送的少儿类报纸29种、期刊145种,报纸和期刊的编校合格率均为96.55%。具体见表6.2.5。

表6.2.5　2017年少儿类报刊编校质量抽查结果

差错率(/万)	报纸数	期刊数	合计	占比
0	7	44	51	29.31%
0(不含)—1(含)	7	61	68	39.08%
1(不含)—2(含)	10	35	45	25.86%
2(不含)—3(含)	4	5(不合格)	10	5.75%
>3	1(不合格)			
合计	29	145	174	100.00%
合格率	96.55%	96.55%	—	—

抽查结果显示,编校质量零差错的报纸共7种,包括《现代中小学生报》《中学生学习报》《小青蛙报》《小博士报》《小学生拼音报》《语文报》《小学生数学报》;编校质量零差错的期刊共44种,包括《大灰狼画报》《小学生之友》《中学生之友》《亲子》《好孩子画报》等。差错率在0—1‰的优秀报刊共119种,占总数的68.39%。同时也有1种报纸、5种期刊编校差错率超过合格线;其中2种期刊的差错率超过4‰,质量较差。

从近几年连续开展的报刊质量专项检查情况看,少儿报刊整体质量良好且状况稳定。《小博士报》《小学生拼音报》2种报纸和《学与玩》《百科探秘》《婴儿画报》《亲子》《小学生之友》《好孩子画报》6种期刊连续2年编校质量零差错。

(三) 广播电视语言文字使用管理

2017年,国家新闻出版广电总局坚持把广播电视规范用语作为重点监管内容之一,严格按照《国家通用语言文字法》和《国家新闻出版广电总局关于规范广播电视节目用语推广普及普通话的通知》《国家新闻出版广电总局关于广播电视节目和广告中规范使用国家通用语言文字的通知》,对全国播出机构进行严格监管,对擅自改变成语和俗语、主持人嘉宾和字幕中滥用外文语词、方言节目等问题密切跟踪,发现问题,及时纠正处理,为推广普通话营造良好的环境。

同时,继续严格执行主持人持证上岗制度,明确规定广播电视部门不得使用无执业资格证书(《中华人民共和国播音员主持人证》)人员担任主持人。其中,把规范使用国家通用语言文字作为播音员主持人资格考试重要内容。总局制作了播音员主持人规范使用语言文字专题培训课件,把完成学习并通过在线考试作为已持证人员下一次注册的必要条件。

三、商业领域

2017年,国家工商总局进一步加强《国家通用语言文字法》的贯彻力度,对企业名称登记、商标注册登记和广告语言文字使用等加强依法管理。

加强企业名称登记管理。2月,印发《企业名称禁限用规则》和《企业名称相同相近比对规则》。《企业名称禁限用规则》对企业名称文字的使用做了详细规定,如"企业名称不得含有有损于国家、社会公共利益的内容和文字;不得含有可能对公众造成欺骗或误解的内容和文字;企业名称应当使用符合国家规范的汉字,不得使用外文、字母和阿拉伯数字"。《企业名称相同相近比对规则》主要从如何判定企业名称是否相同相近的角度对相关工作进行规定。

加强商标管理。根据《商标法实施条例》第六条规定,要求当事人在申请商标注册或者办理其他商标事宜中使用中文。当事人依照《商标法》和《商标法实施条例》规定提交的各类外文证件、证明文件和证据材料应当附送中文译文;未附送的,视为未提交该证件、证明文件或者证据材料。1月,在中国商标网上公布《商标审查与审理标准》,其中增加了关于语言文字规范的相关规定:"标志中含有不规范汉字或对成语的不规范使用,容易误导公众特别是未成年人认知的,属于《商标法》第十条第一款第(八)项规定的'有害于社会主义道德风尚或者有其他不良影响的'情形,不得作为商标使用和注册。"

加强广告管理。按照《广告法》和《广告语言文字管理暂行办法》等法律法规规章要求,加强宣传培训,督促广告主、广告经营者、广告发布者、广告代言人在广告发布中使用符合国家规范标准的语言文字。同时,根据日常广告市场监管实际,积极推进《广告语言文字管理暂行办法》规章的修订工作,倡导广告经营者以健康的表现形式表达广告内容,广告内容符合社会主义精神文明建设和弘扬中华民族优秀传统文化要求。

四、交通运输领域

2017年,交通运输部进一步加强本行业语言文字应用规范化标准化建设,确保把《国家通用语言文字法》的有关规定落到实处,使机、车、船、车站、码头、高速服务区等公共场所成为推广和规范使用国家通用语言文字、展示行业新形象的窗口。

积极推进城市公交和道路客运行业语言文字工作。组织开展《城市公共汽电车客运服务规范》(GB/T 22484-2016)学习培训,将该规范中明确的运营服务人员使用普通话服务、吐字清楚、语速适中、用语文明的要求,落实到基层运营服务人员。发布《汽车客运站服务星级划分与评定》(JT/T 1158-2017),规定公共汽电车、综合客运枢纽等处的标志和指示用字应符合语言文字规范要求,加强汽车客运站语言文字使用规范管理。将站务员规范使用普通话服务和能使用手语进行沟通作为提升工作质量、展示窗口形象的重要指标。

强化港口、航道语言文字应用管理。规范相关客运码头语言文字使用,排查候船、登船等区域标志、广告和公示牌的用字规范情况,及时更换不规范标志。在国际邮轮港等涉外码头建设介绍城市交通、观光旅游等公共服务信息的多语言服务平台,提供普通话、英文等多语言服务,提升交通行业的整体形象。

健全语言文字测评体系,加强监管。组织开展全国高速公路服务区服务质量等级评定工作,在等级评定计分细则中,将各类灯箱牌匾、指示牌、标线的文字内容规范性和服务人员文明用语水平设定为评分项目。在航道养护管理中开展调度服务用语推广普通话、内河航道助航标志使用规范汉字工作,并对长江干线、三峡船闸及升船机等重点内河航道和通航建筑物的文字使用情况加强监督检查。指导航空公司、机场等民航运营单位在日常运营中,贯彻执行国家通用语言文字法律法规、规范标准,保障残疾人语言文字权益,加强员工语言文字能力培训,加大语言文字规范宣传力度,提升民航领域语言服务能力。

第三节 语言文字学术建设

加强语言文字科学研究是保障国家语言文字事业科学发展、创新发展的重要支撑。2017年,我国进一步加大语言文字科研项目支持力度,加强国家语委科研机构建设,推进语言文字学科建设和人才培养,推动语言文字科研工作取得重要进展。

一、语言文字科研项目

(一)国家语委科研规划立项情况

经公开申报和专家评审,国家语委"十三五"科研规划2017年度共批准立项68项,包括重大项目2项、重点项目24项、一般项目20项、委托项目12项、后期资助项目10项。具体见表6.3.1。

表 6.3.1 国家语委"十三五"科研规划 2017 年立项明细

序号	项目性质	项目编号	项目名称
1	重大项目	ZDA135-5	中华优秀传统文化的教材建设与传承实践验证研究
2		ZDA135-6	国产多语种桌面操作系统通用规范研制
3	重点项目	ZDI135-33	世界语言生活观测与分析
4		ZDI135-34	"互联网+"行动背景下的语言服务业研究
5		ZDI135-35	上海语言文字事业百年史史料汇编
6		ZDI135-36	汉语成语新义产生的机制及其规范原则研究
7		ZDI135-37	中小学思想品德教材语言实态及表述特征研究
8		ZDI135-38	语体视角下新马华语与普通话书面语的对比研究
9		ZDI135-39	蒙汉文本机器翻译关键技术研究
10		ZDI135-40	汉字发展的历史文化动因研究
11		ZDI135-41	手语主持语料库建设与国家通用手语媒体推广策略研究
12		ZDI135-42	《信息处理用现代汉语词类标记规范》修订
13		ZDI135-43	港澳中小学普通话教学及文化认同研究

第三节 语言文字学术建设

（续表）

序号	项目性质	项目编号	项目名称
14		ZDI135-44	《甲骨卜辞精粹选本》编纂
15		ZDI135-45	社会主义新农村推普模式建构与实施研究
16		ZDI135-46	湖南普通话推广的历史、现状及对策研究
17		ZDI135-47	中小学普通话水平测试等级标准及实施纲要研制
18		ZDI135-48	我国中小学生写作能力评价及教学策略研究
19		ZDI135-49	少数民族地区外语教育现状调研与对策研究
20		ZDI135-50	少数民族地区外语教育现状调研与对策研究①
21		ZDI135-51	面向二语的汉语口语水平智能评价关键技术研究
22		ZDI135-52	北疆地区维、哈、锡、汉四种语言多媒体口语平行句库建设
23		ZDI135-53	汉语智能写作关键技术研究及应用
24		ZDI135-54	基于多策略的乌兹别克语-汉语机器翻译技术研究
25		ZDI135-55	中亚东干语语料库建设及跨境濒危汉语资源保护研究
26		ZDI135-56	"一带一路"战略下语言助推中华传统文化对外传播的路径研究
27	一般项目	YB135-40	网络语言使用者的关联挖掘及其情感分析研究
28		YB135-41	基于数据挖掘的留学生汉语辞书应用状况调查研究
29		YB135-42	可变字体技术的研究
30		YB135-43	古今字书数据库属性标注研究
31		YB135-44	《汉语拼音方案》教学状况调研
32		YB135-45	现代汉语词语释义的原则与方法研究
33		YB135-46	老年人语言蚀失期的语用能力研究
34		YB135-47	中小学教学用文言文词频统计及常用字词研究
35		YB135-48	基于语音声学参数库的土族语言文字规范标准研究
36		YB135-49	融入多层次语义结构的神经网络机器翻译模型研究与实现
37		YB135-50	模块结构驱动的未知甲骨字场景预测研究
38		YB135-51	"一带一路"沿线国家孔子学院汉语传播的现状、问题与对策研究
39		YB135-52	中东欧国家外语管理战略和机制研究
40		YB135-53	"一带一路"背景下闽南方言海外传播与族群认同现状调查研究
41		YB135-54	语言资源在四川民族地区旅游脱贫中的作用调研

① ZDI135-49 和 ZDI135-50 的承担单位分别为北京外国语大学和兴义民族师范学院。

(续表)

序号	项目性质	项目编号	项目名称
42		YB135-55	基于国家安全与公共服务的民族语文智能语音翻译系统研发工作研究
43		YB135-56	"一带一路"背景下的对外蒙古语教育传播现状及对策研究
44		YB135-57	基于国家战略与公共服务需求的民族语文翻译基地建设研究
45		YB135-58	民族地区基层干部民汉双语能力提升方式及学习效果评价机制研究——以云南为例
46		YB135-59	双语移动政务在民族地区社会安全服务领域的发展状况与民众采纳情况调研
47	委托项目	WT135-16	中国国家领导人讲话 英译稿话语策略与传播效果研究
48		WT135-17	网络语言文化动态研究
49		WT135-18	汉语言文字海外传播简史
50		WT135-19	政区地名特殊用字现状及处理方式研究
51		WT135-20	双语和谐乡村(社区)建设路径及其考评指标研究
52		WT135-21	进城务工女性语言文字使用情况调查及对策研究
53		WT135-22	朝鲜文古字母编码研究
54		WT135-23	"双创"语境下的汉语科技语言规范观及规范策略研究
55		WT135-24	中华经典诗词知识图谱构建技术研究
56		WT135-25	中小学书法水平及计算机辅助教学研究
57		WT135-26	语言接触视角下近代汉语词汇体系生成研究
58		WT135-27	台湾语言文字信息处理发展状况调查研究
59	后期资助	HQ135-11	中国失语症语言能力评估系统
60		HQ135-12	国家通用盲文方案(试行)量化评价研究
61		HQ135-13	面向应用的汉语语义构词研究
62		HQ135-14	形声字声符示源功能研究
63		HQ135-15	"汉语助研"语料建库检索统计一体化系统
64		HQ135-16	情感词语知识库、语料库建设及应用
65		HQ135-17	国家珍贵古籍名录《水书·八宫取用卷》等六种译注
66		HQ135-18	苏联解体后新独立国家语言问题和语言政策研究
67		HQ135-19	土耳其语语法
68		HQ135-20	中国学习者英语花园幽径句的计算语言学研究

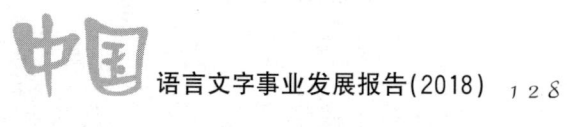

68个项目的研究内容涉及语言文字信息化、语言文字规范标准建设、"一带一路"语言战略、网络语言生活治理、语言文字能力建设、语言与教育、语言政策理论、语言国际传播等事业发展重点和语言生活中的热点难点问题，且覆盖面广、应用性强，都以问题研究为导向，契合了《"十三五"规划》的主要任务和重点工程。

（二）国家语委科研规划结项情况

2017年共有69项国家语委科研规划项目通过结项鉴定，比上年大幅增长。其中重大项目4项、重点项目6项、一般项目34项、委托项目21项、后期资助项目3项、自筹项目1项。

（三）其他科研规划语言文字科研项目立项情况

2017年，国家自然科学基金（简称"国家自科"）、国家哲学社会科学基金（简称"国家社科"）、教育部哲学社会科学规划课题（简称"教育部哲社"）共资助语言学类科研项目727项。加上国家语委科研规划的68项，四大科研基金（规划）全年共立项795项。其中，立项最多的是国家社科，占50.44%；其次是教育部哲社，占31.57%。具体见表6.3.2。

表6.3.2 四大科研基金（规划）2017年语言学课题立项情况

基金	国家自科	国家社科	教育部哲社	国家语委	合计
数量	75	401	251	68	795
占比	9.44%	50.44%	31.57%	8.55%	100.00%

（四）语言文字科研项目特点

2017年四大科研基金（规划）立项的语言文字科研项目，研究维度多元交叉，各类研究互补协调；问题导向特点明显，聚焦精准脱贫、外宣话语、语言能力恢复、二语教学等问题，凸显了语言研究的实用价值。同时，新技术广泛介入各类研究。

1. 研究对象涉及的语种

研究涉及汉语、民族语言、外语等单语种类，以及多语种和普通语言类。普通语言类占比最高的是教育部哲社，其次为国家社科；汉语类占比最高的是国家自科,其次为国家语委;民语类占比最高的是国家自科,其次为国家社科;外语类占比最高的是教育部哲社,其次为国家社科、国家语委;多语类占比最高的是教育部哲社,其次为国家社科。

2. 研究对象与方法的时间维度

主要关注当下的、现实的语言问题,其中最突出的是国家自科。古代问题研究、历时方法的研究,数量最多的是国家社科。

3. 研究内容

本体研究类项目占比约43%,其中国家社科和教育部哲社的本体研究项目比例均为一半左右。应用研究类项目占比约53%,其中最多的是国家自科。综合研究类项目,虽然占比较少,但增长较快。

4. 热点问题

本体研究关注的问题,占比从多到少,依次为语法、词汇(辞书)、文字音韵训诂、方言、语用、语言理论及学科史、语音、语言描写接触变异融合、语言与文化、语言类型学。

应用研究关注的问题,占比从多到少,依次为计算语言学及新学科、语言教育类、翻译类、语言生活类、语言规划类、辞书编纂类。

国家自科资助力度最大的是计算语言学等交叉学科。国家社科、教育部哲社资助力度较大的领域为语言教育类和翻译类。国家语委较关注计算语言学等交叉学科、语言生活类和语言规划类。

二、国家语委科研机构建设

2017年,国家语委科研机构根据共建协议的规定和要求,聚焦各自核心优势领域,深入推进科学研究,努力发挥资政功能,积极开展社会宣传,在体系布局、科研成果、资政辅政、学术创新、舆论引导等诸方面取得了新进展,为国家语言文字事业科学发展做出了新贡献。

(一) 体系布局

2017年,国家语委科研机构新建1个、停建1个,总数仍为19个,与2016年相同。新建的科研机构是与新疆大学共建的"新疆多语种信息技术研究中心",

该中心的成立使国家语委科研机构设点布局在区域空间上扩展到了西部地区，在专业方向上进一步支撑了"语言文字信息处理与语言智能"研究和"少数民族语言文字"研究。此外，6个机构建设期满，其中2个经专家评估后续约进入新的建设周期，4个提出续建申请并接受了函评和考察。具体见表6.3.3。

表 6.3.3　国家语委科研机构名录（2017年）

序号	机构名称	成立时间	依托单位	机构性质	城市/地区	建设状况
1	平面媒体中心	2004	北京语言大学	中心	北京/东部	
2	有声媒体中心	2005	中国传媒大学	中心	北京/东部	续建考察
3	网络媒体中心	2005	华中师范大学	中心	武汉/中部	
4	教育教材中心	2005	厦门大学	中心	厦门/东部	
5	海外华语中心	2005	暨南大学	中心	广州/东部	
6	文字整理中心	2005	北京师范大学	中心	北京/东部	续建考察
7	字体设计中心	2005	北京大学	中心	北京/东部	续建考察
8	辞书研究中心	2007	鲁东大学	中心	烟台/东部	续建考察
9	语言战略中心	2007	南京大学	中心	南京/东部	
10	民族语言中心	2008	中央民族大学	中心	北京/东部	年内续约
11	外语战略中心	2011	上海外国语大学	基地	上海/东部	
12	规范标准中心	2012	北京语言大学	基地	北京/东部	年内续约
13	政策研究中心	2013	上海市教科院	(秘书处)	上海/东部	
14	语情研究中心	2014	武汉大学	中心	武汉/中部	
15	语言能力中心	2014	北京外国语大学	中心	北京/东部	
16	语言保护中心	2015	北京语言大学	中心	北京/东部	
17	资源开发中心	2015	商务印书馆	中心	北京/东部	
18	语言智能中心	2016	首都师范大学	基地	北京/东部	
19	新疆多语中心	2017	新疆大学	中心	乌鲁木齐/西部	

（二）研究与工作人员

2017年，19家机构共有专兼职研究与工作人员319人。具体见表6.3.4。

第六章 语言治理体系构建

表 6.3.4　2017 年国家语委科研机构人员状况

专兼职情况	专职 1 类①	专职 2 类②	兼职③	常驻④	研究生⑤	合计
人数	17	217	51	5	29	319
比例	5.33%	68.02%	15.99%	1.57%	9.09%	100.00%
职称情况	正高	副高	中级	初级	无职称⑥	合计
人数	101	91	80	3	44	319
比例	31.66%	28.53%	25.08%	0.94%	13.79%	100.00%

大多数人员的研究方向是语言学,也有 94 人的研究方向是字体设计技术、科技哲学、计算机应用、教育学等其他学科。不少人员同时有多个研究方向。

(三) 科研与资政成果

2017 年,19 家机构在科研项目、发表论文、出版图书、提交资政报告、申请计算机软件著作权(简称"软著")和专利等方面取得了一大批科研成果。具体见表 6.3.5。

表 6.3.5　2017 年国家语委科研机构科研成果统计

序号	成果类别	数量	明细或说明
1	科研项目(2017 年新立)	89 项	国家社科 9 项,国家自科 6 项,教育部哲社 4 项,国家语委 19 项,语保工程专项 7 项,其他 19 项,委托 25 项
2	科研项目(2017 年以前立项在研)	159 项	国家社科 32 项,国家自科 18 项,教育部哲社 15 项,国家语委 45 项,其他 38 项,委托 11 项
3	科研项目(2017 年结项)	61 项	国家社科 4 项,国家自科 2 项,教育部哲社 5 项,国家语委 18 项,语保工程专项 2 项,其他 22 项,委托 8 项

① 专职 1 类:指共建单位在编在职、专门从事国家语委科研机构工作的人员。
② 专职 2 类:指共建单位在编在职、主要或经常从事国家语委科研机构工作,同时也兼任一部分共建单位的教育教学或行政管理工作的人员。
③ 兼职:指参与相关机构科研工作并于年内产出研究成果的外单位(或已退休)的研究人员。年内产出的科研成果应明确标注相关机构的科研项目。
④ 常驻:指编制不在共建单位,但一段时期内(至少 1 年)常驻相关科研机构的博士后、客座研究员、访问学者等。
⑤ 研究生:指年内产出标注所在机构科研项目的科研成果的在读博士或硕士研究生。
⑥ 多为行政岗人员或在读研究生。

(续表)

序号	成果类别	数量	明细或说明
4	论文	366篇	期刊论文256篇,网络期刊论文1篇,论文集论文99篇,报告3篇,序文及其他类文章7篇
5	图书(编撰译)	50本	专著23本,多人论文集6本,皮书3本,教材3本,译著2本,资料性普及读物12本,年度报告1本
6	图书(责编)	20本①	指资源开发中心依托商务印书馆出版实体,责编出版的语言文字应用研究类图书
7	资政报告	45篇	向教育部、国家语委呈报36篇,向国家发改委、工信部等其他部门及教育部其他司局呈报9篇;被相关部门采纳18篇;获国家领导批示2篇,省部级领导批示1篇,司局级领导批示13篇,《教育部简报(高校智库专刊)》刊出1篇,《光明日报内参》刊发1篇
8	软著	40项	—
9	专利	55项	—

与2016年相比,科研项目、论文、图书均有较大幅度的增长,特别是结项的科研项目同比大幅增长,显示各机构经过前几年的扎实推进和研究积累,2017年集中产出了一批成果。

(四) 杂志刊物

2017年,国家语委科研机构共办有15种杂志刊物。其中,学术期刊1种,学术集刊5种,内刊3种,动态、通讯、信息等6种。具体见表6.3.6。

表6.3.6 2017年国家语委科研机构主办的杂志刊物

序号	刊物名称	刊物性质	主办机构
1	语言战略研究	期刊	资源开发中心
2	中国语言战略	集刊	语言战略中心
3	语言政策与规划研究	集刊	语言能力中心
4	语言规划学研究	集刊	规范标准中心

---

① 其中15本作者单位为国家语委科研机构。

第六章　语言治理体系构建

（续表）

序号	刊物名称	刊物性质	主办机构
5	语言政策与语言教育	集刊	外语战略中心
6	语言政策研究热点	集刊	政策研究中心
7	中国语情	内刊	语情研究中心
8	语情信息	内刊	平面媒体中心等①
9	语保	内刊	语言保护中心
10	中国语情特稿	动态	语情研究中心
11	中国语情月刊	动态	语情研究中心
12	国家语委科研机构工作动态	动态	政策研究中心
13	世界语言战略资讯	动态	语言能力中心
14	中国语言资源动态	动态	资源开发中心
15	语言智能研究中心简报	动态	语言智能中心

其中，资源开发中心（商务印书馆）主办、多机构共同参与编委会的学术期刊《语言战略研究》是我国语言政策与规划领域的第一份专业学术期刊（刊号 CN 10-1361/H），由国家语委学术指导，中国语言学会语言政策与规划专业委员会学术支持，于 2016 年 1 月创刊，双月刊。

《语言战略研究》的办刊宗旨是服务国家和社会需求、研究现实语言问题、促进学术成果应用、构建和谐语言生活。先后关注语言与认同、"一带一路"的语言问题、语言生活派十年、国家通用语言、语言能力、语言信息化、全球华语、语言景观、语言传承、语言保护、语言产业、家庭语言问题等话题。截至目前，已有 19 篇文章被《新华文摘》《中国社会科学文摘》《高等学校文科学术文摘》、人大复印报刊资料《语言文字学》转载或摘录，中国知网总被引 305 次、总下载 45,026 次。在国内语言学领域特别是在社会语言学、语言政策与规划领域迅速确立了学术影响。

（五）社会活动与国际交流

2017 年，19 家机构举办学术会议，开展讲座、宣传与服务等社会活动，发表

---

① 由平面媒体中心、有声媒体中心、网络媒体中心、教育教材中心、海外华语中心、民族语言中心共同编发。

报纸文章,建设自有媒体,开展国际学术交流的具体情况见表6.3.7。

表6.3.7 2017年国家语委科研机构社会活动与国际交流情况

序号	成果类别	数量
1	学术会议	102次
2	社会活动(包括宣传引导、咨询服务等)	60项
3	讲座报告	212人次
4	报纸文章	37篇
5	网站	19个
6	微信公众号	12个
7	接待外籍专家来华交流活动	68人次
8	赴境外访学或参加学术会议	103人次

与2016年相比,学术会议、社会活动、报纸文章、微信公众号等自有媒体建设、国际学术交流均有明显增长。特别是报纸文章同比增长105.56%、微信公众号同比增长71.43%等,显示各机构宣传服务引导社会语言生活的意识和能力正不断增强。

(六) 影响力

2017年国家语委科研机构努力"出思想、出人才",较好地发挥了资政辅政、理论创新、舆论引导的功能,政策影响力、学术影响力、社会影响力、国际影响力都明显增强。

1. 政策影响

多年来,国家语委科研机构群策群力、密切合作,共同打造了资政辅政、宣传政策、引领学术、影响社会的重要平台和标志性成果——"语言生活皮书"系列。不同皮书由不同机构牵头组织编制,多机构共同参与。皮书系列形成了鲜明的服务国家战略需求、关注社会语言应用的学术特点,对推动我国语言文字事业科学发展产生重要影响,做出积极贡献。

2. 学术影响

年内有5篇期刊论文被《中国社会科学文摘》《高等学校文科学术文摘》《新华文摘》及人大复印报刊资料转载,其中全文转载4篇,部分转载1篇。

年内,国家语委科研机构举办了一系列层次高、规模大、成果丰硕、影响深远的学术论坛或会议,有的已经成为重要的学术品牌。如:第四届中国语言资源国际学术研讨会(语言保护中心)、第三届中国语言政策及语言规划学术研讨会(外语战略中心等)、第四届中国语言智能大会(语言智能中心)、第十六届全国少数民族语言文字信息处理学术研讨会(民族语言中心)、第三届国际汉字汉语文化研讨会(文字整理中心)、第三届汉语句式国际学术研讨会(语言战略中心)、2017海内外中国语言学者联谊会——第七届学术论坛(资源开发中心)、"国家安全中的语言战略"高峰论坛(政策研究中心等)等。

3. 社会影响

语情研究中心、外语战略中心和语言能力中心入选中国智库索引 CTTI 来源智库。

各机构发表报纸文章 37 篇,在宣传政策、引导舆论方面发挥了积极作用。其中,《人民日报》1 篇,《光明日报》13 篇,《社会科学报》1 篇,《中国社会科学报》11 篇,《文汇报》3 篇,《中国教育报》1 篇,《语言文字报》1 篇,《语言文字周报》2 篇。内容主要涉及普通话推广、语言文字规范、外语及非通用语种教育、汉语传播、语言规划、语言社会研究等。

各机构还组织开展了形式多样的语言文字社会活动。资源开发中心、平面媒体中心、有声媒体中心、网络媒体中心等联合人民网、央视新闻连续第 12 年举办"汉语盘点"活动,参与活动人数持续增长,社会效应进一步提升。网络媒体中心发布"2017 十大网络用语",字体设计中心开展"字道 2017 全国巡展"等都产生了广泛的社会影响。

4. 国际影响

年内,《中国语言生活状况报告》(绿皮书)日文版正式出版,在日本社会产生良好反响。接待境外专家或赴境外访学、参加学术会议并发言的人次较往年有大幅度增长。举办有境外专家参加的国际性学术论坛或会议 26 个。

三、语言文字学科建设

(一) 一流学科建设

9 月 20 日,教育部、财政部、国家发展改革委印发《关于公布世界一流大学

和一流学科建设高校及建设学科名单的通知》。其中,6所高校的"中国语言文学"、2所高校的"语言学"、3所高校的"现代语言学"、6所高校的"外国语言文学"进入一流学科。具体见表6.3.8。

表 6.3.8　语言类一流学科建设高校

高校	一流学科			
北京大学	中国语言文学	语言学	现代语言学	外国语言文学
北京师范大学	中国语言文学	语言学		
复旦大学	中国语言文学		现代语言学	
南京大学	中国语言文学			外国语言文学
华中师范大学	中国语言文学			
陕西师范大学	中国语言文学(自定)①			
清华大学			现代语言学	
北京外国语大学				外国语言文学
延边大学				外国语言文学(自定)
上海外国语大学				外国语言文学
湖南师范大学				外国语言文学(自定)

(二)语言类学科评估

12月28日,教育部学位与研究生教育发展中心公布全国第四轮学科评估结果。第四轮评估于2016年在95个一级学科范围内开展(不含军事学门类等16个学科),共有513个单位的7,449个学科参评。评估结果按照"精准计算、分档呈现"的原则,根据"学科整体水平得分"的位次百分位,将前70%的学科分为9档公布。

1."中国语言文学"一级学科评估结果

"中国语言文学"一级学科中,全国具有"博士授权"的高校共65所,本次参评64所;部分具有"硕士授权"的高校也参加了评估;参评高校共计148所,具体见表6.3.9。

---

① 根据"双一流"建设专家委员会建议由高校自主确定的学科。

第六章 语言治理体系构建

表 6.3.9 "中国语言文学"一级学科评估结果

评估结果	学校代码及名称
A+	10001 北京大学　10027 北京师范大学
A	10246 复旦大学　10269 华东师范大学　10284 南京大学 10335 浙江大学　10422 山东大学　10610 四川大学
A-	10002 中国人民大学　10028 首都师范大学　10055 南开大学 10319 南京师范大学　10486 武汉大学　10558 中山大学
B+	10003 清华大学　10032 北京语言大学　10052 中央民族大学 10183 吉林大学　10200 东北师范大学　10270 上海师范大学 10285 苏州大学　10345 浙江师范大学　10394 福建师范大学 10445 山东师范大学　10475 河南大学　10511 华中师范大学 10559 暨南大学　10635 西南大学　10718 陕西师范大学
B	10065 天津师范大学　10075 河北大学　10094 河北师范大学 10126 内蒙古大学　10212 黑龙江大学　10231 哈尔滨师范大学 10280 上海大学　10320 江苏师范大学　10384 厦门大学 10542 湖南师范大学　10574 华南师范大学　10602 广西师范大学 10636 四川师范大学　10697 西北大学　10736 西北师范大学 11117 扬州大学
B-	10033 中国传媒大学　10108 山西大学　10140 辽宁大学 10248 上海交通大学　10357 安徽大学　10370 安徽师范大学 10414 江西师范大学　10446 曲阜师范大学　10487 华中科技大学 10512 湖北大学　10608 广西民族大学　10673 云南大学 10730 兰州大学　10755 新疆大学
C+	10030 北京外国语大学　10135 内蒙古师范大学　10165 辽宁师范大学 10166 沈阳师范大学　10271 上海外国语大学　10346 杭州师范大学 10403 南昌大学　10459 郑州大学　10530 湘潭大学 10637 重庆师范大学　10656 西南民族大学　10663 贵州师范大学 10742 西北民族大学　10762 新疆师范大学　11658 海南师范大学
C	10031 北京第二外国语学院　10203 吉林师范大学　10337 浙江工业大学 10351 温州大学　10385 华侨大学　10423 中国海洋大学 10427 济南大学 10524 中南民族大学　10532 湖南大学 10593 广西大学　10613 西南交通大学　10638 西华师范大学 10681 云南师范大学　11065 青岛大学　11075 三峡大学
C-	10068 天津外国语大学　10167 渤海大学　10184 延边大学 10247 同济大学　10304 南通大学　10451 鲁东大学 10476 河南师范大学　10589 海南大学　10590 深圳大学 10672 贵州民族大学　10691 云南民族大学　10749 宁夏大学 11078 广州大学　11846 广东外语外贸大学

2. "外国语言文学"一级学科评估结果

"外国语言文学"一级学科中,全国具有"博士授权"的高校共41所,本次参评38所;部分具有"硕士授权"的高校也参加了评估;参评高校共计163所,具体见表6.3.10。

表6.3.10 "外国语言文学"一级学科评估结果

评估结果	学校代码及名称
A+	10001 北京大学　10030 北京外国语大学　10271 上海外国语大学
A	10212 黑龙江大学　10248 上海交通大学　10284 南京大学 10335 浙江大学　11846 广东外语外贸大学
A-	10003 清华大学　10006 北京航空航天大学　10027 北京师范大学 10036 对外经济贸易大学　10246 复旦大学　10269 华东师范大学 10319 南京师范大学　10422 山东大学
B+	10002 中国人民大学　10032 北京语言大学　10055 南开大学　10184 延边大学 10200 东北师范大学　10247 同济大学　10285 苏州大学　10384 厦门大学 10486 武汉大学　10532 湖南大学　10542 湖南师范大学　10558 中山大学 10610 四川大学　10635 西南大学　10650 四川外国语大学 10724 西安外国语大学
B	10008 北京科技大学　10028 首都师范大学　10031 北京第二外国语学院 10068 天津外国语大学　10172 大连外国语大学　10183 吉林大学 10273 上海对外经贸大学　10346 杭州师范大学　10353 浙江工商大学 10394 福建师范大学　10423 中国海洋大学　10475 河南大学 10487 华中科技大学　10511 华中师范大学　10718 陕西师范大学 11646 宁波大学
B-	10004 北京交通大学　10213 哈尔滨工业大学　10231 哈尔滨师范大学 10254 上海海事大学　10280 上海大学　10345 浙江师范大学 10445 山东师范大学　10446 曲阜师范大学　10459 郑州大学 10559 暨南大学　10561 华南理工大学　10574 华南师范大学 10608 广西民族大学　10611 重庆大学　10698 西安交通大学 10736 西北师范大学　11117 扬州大学
C+	10007 北京理工大学　10053 中国政法大学　10065 天津师范大学 10108 山西大学　10165 辽宁师范大学　10270 上海师范大学 10272 上海财经大学　10287 南京航空航天大学　10290 中国矿业大学 10357 安徽大学　10414 江西师范大学　10476 河南师范大学 10530 湘潭大学　10593 广西大学　10602 广西师范大学 10613 西南交通大学　10636 四川师范大学　10730 兰州大学 11414 中国石油大学

(续表)

评估结果	学校代码及名称
C	10022 北京林业大学　10033 中国传媒大学　10094 河北师范大学 10140 辽宁大学　10151 大连海事大学　10252 上海理工大学 10299 江苏大学　10451 鲁东大学　10491 中国地质大学 10534 湖南科技大学　10590 深圳大学　10637 重庆师范大学 10697 西北大学　11065 青岛大学　90002 国防科技大学
C-	10075 河北大学　10079 华北电力大学　10126 内蒙古大学 10203 吉林师范大学　10251 华东理工大学　10288 南京理工大学 10320 江苏师范大学　10386 福州大学　10403 南昌大学　10512 湖北大学 10520 中南财经政法大学　10652 西南政法大学　10656 西南民族大学 10673 云南大学　10681 云南师范大学　10749 宁夏大学

(三) 新增语言类本科专业

3月13日,教育部公布《2016年度普通高等学校本科专业备案和审批结果》,确定了审批同意设置的国家控制布点专业及尚未列入目录的新专业名单。其中,新增"备案"本科专业名单中,152所高校新增语言类备案本科专业201个,涉及"文学""艺术学""理学"3个学位授予门类;新增"审批"本科专业名单中,3所大学新增语言类审批本科专业13个,涉及"文学"1个学位授予门类;"撤销"本科专业名单中,7所高校撤销语言类本科专业7个,涉及"文学"1个学位授予门类。

四、语言文字应用研究人才培养

(一) 语言文字中青年学者出国研修项目

为加快培养语言文字事业急需人才,服务事业发展,学习和借鉴国外语言文字研究和管理经验,开阔中青年学者的国际视野,教育部、国家语委自2017年起实施"语言文字中青年学者出国研修项目"。首期研修项目由国家语委、国家留学基金委主办,谢菲尔德大学孔子学院承办,为期三个月(10—12月)。共选派来自国内20余所高校、科研机构及语言文字管理部门的30名中青年学者参加研修。项目邀请41位授课专家(其中语言学专家38位),开设近193学时的课

程和140小时的讲座、考察及课外活动,保障了研修学习的深度和广度。课程涵盖语言政策与语言规划、语言教育及教学法、语言保护与文化多样性、语言服务与传播、语言资源监测与研究、国外教育体制等方面。

(二) 语言文字应用研究中青年学者协同创新联盟建设

语言文字应用研究中青年学者协同创新联盟是在教育部指导下,以参加"语言文字应用研究优秀中青年学者研修班"(简称"中青班")的学员为主体,广泛联系中青年学者自愿参加的学术性协同创新社团组织。联盟旨在汇聚、培养语言文字应用研究的生力军与后备力量,挂靠中国语言资源开发应用中心。联盟于2015年8月21日在辽宁师范大学宣布成立并召开首届学术研讨会;于2016年10月12—14日在鲁东大学召开第二届学术研讨会。

2017年10月27—29日,联盟在厦门大学嘉庚学院召开第三届学术研讨会暨首届语言文字应用研究优秀中青年学者论坛。通过专家主旨报告和工作坊,充分展示中青班学员的最新研究成果,强化专家与学员、学员与学员之间的交流互动,提升了学员服务国家语言文字事业和从事科学研究的能力。会议还研究了联盟的会标、运行机制及近期发展目标等事项。

第四节　社会语言生活引导

社会语言生活治理需要全社会的广泛参与。2017年,教育部、国家语委创新社会参与机制,努力创新治理手段和方式,政府和企业联手,专家和群众互动,开展语言文字法律法规、方针政策、规范标准和基础知识普及性宣传,及时对语言文字社会热点问题进行引导。

一、发布语言生活皮书

发布语言生活皮书,是宣传党和国家语言文字方针政策、服务语言文字科学决策、服务社会语言文字应用、服务语言文字学术发展、构建和谐语言生活的重要措施。2017年,随着《中国语言文字事业发展报告(2017)》的出版,我国"语言生活皮书"系列(包括白皮书、绿皮书、蓝皮书和黄皮书)正式形成。7月18日,教育部、国家语委召开新闻发布会,介绍2016年国家语言文字事业发展状况,发布了2017年的系列皮书。

2017年首次出版的《中国语言文字事业发展报告》(语言生活白皮书)紧紧围绕《"十三五"规划》提出的主要任务,以数据为支撑,从国家通用语言文字普及与规范、语言文字信息化建设、语言服务能力建设、中华优秀语言文化传承传播、语言文字治理体系建设五个方面,全面系统地记录、展示了2016年国家语言文字事业发展状况;对新中国成立以来国家语言文字事业各领域取得的成就进行系统梳理,发布了我国语言文字法律法规、规范标准、水平测试、管理服务、科学研究、对外传播、人才培养等各领域的统计数据。

2017年已连续第12年出版的《中国语言生活状况报告》(语言生活绿皮书)翔实记录2016年我国语言生活中的重大事件,通过对现实语料的监测统计,盘点梳理2016年的热字热词、流行语和网络用语,通过实证调研反映图书语言文字质量、语言康复行业发展、中小学语文教材执行语言文字规范标准、二十国集团(G20)领导人杭州峰会语言景观、车贴语使用、语言文字类微信公众号等领域语言生活的实际状况,并就高考作文、地名更名和地名读音、弹幕、表情包等语言生活热点问题进行了深入探讨。

2017年已连续第3年出版的《中国语言政策研究报告》(语言生活蓝皮书)从语言政策理论和国家语言战略、国家通用语普及、语言规范、语言保护、语言教育、语言传播、语言服务、世界语言政策参考八个方面,汇总梳理国内2016年度的语言政策研究状况和研究成果,全面展示在"一带一路"语言战略、国家和公民语言能力、普通话异读词审音、字母词使用及外语中文译写规范、网络语言生活治理、语言保护理论与方略、语文核心素养和语文教材、外语教育中的跨文化能力和母语文化保持、汉语国际传播等热点问题上的学术观察与思考。

2016年首次出版的语言生活黄皮书包括《世界语言生活状况(2016)》和《世界语言生活报告(2016)》两册,分别以国别和专题为体例,介绍41个国家和地区、1个国际组织(欧盟)的语言生活和语言政策状况。2017年教育部、国家语委决定将两册合并为一册,并更名为《世界语言生活状况报告》继续出版。

二、语言文字应用咨询服务

2017年,教育部、国家语委积极落实《"十三五"规划》提出的"面向社会开展全方位的语言文字政策法规、规范标准、基础知识和社会应用等咨询服务"的工作任务,针对目前社会急需,努力整合信息资源,逐步为社会提供各类语言文字学习和咨询服务。

(一)公布普通话水平测试机构信息

普通话水平测试开展23年来,已经形成覆盖全国的测试机构网络。为方便社会各界了解普通话水平测试动态信息和测试业务,2017年,教育部、国家语委向社会公布全国除港澳台地区以外的1,412个测试机构的信息,见表6.4.1。

表6.4.1 2017年向社会公布的全国普通话水平测试机构数量

序号	地方省级单位	数量(个)	序号	地方省级单位	数量(个)
1	北京	30	17	湖北	65
2	天津	1	18	湖南	105
3	河北	12	19	广东	59
4	山西	43	20	广西	54
5	内蒙古	52	21	海南	3
6	辽宁	25	22	重庆	62

（续表）

序号	地方省级单位	数量（个）	序号	地方省级单位	数量（个）
7	吉林	22	23	四川	98
8	黑龙江	30	24	贵州	58
9	上海	1	25	云南	36
10	江苏	114	26	西藏	18
11	浙江	28	27	陕西	52
12	安徽	48	28	甘肃	69
13	福建	19	29	青海	13
14	江西	52	30	宁夏	13
15	山东	129	31	新疆	15
16	河南	78	32	建设兵团	8
合计					1,412

（二）百年语言文字规范标准文献数字化系统

"百年语言文字规范标准文献数字化系统"[①]于2017年9月7日正式上线试运行。网站的建成标志着百年语言文字规范标准文献及研究文献的收集梳理和资源库建设的数字化框架基本形成。网站由四个版块构成：

1. 语言规划文献检索

系统将收集到的文献按照类别、时间和相关性等多个维度进行组织，建立索引，实现主题、类别、关键词及其关联内容等全面的信息检索，满足对规范标准查阅和引用等各种需求。目前可开放清末以来文献共8,338篇，清末至民国语言规划文献1,022篇，无原文的文献信息1,154篇。数据库可供用户在线免费开放进行检索。

2. 语言文字规范标准检索

系统选取我国当前社会生活中最具实用性的成文语言文字规范标准文件，并按领域进行标注后入库，集中展示和宣传介绍，并提供原文文档下载服务，服务语言文字规范标准的宣传与普及。

---

① 由北京语言大学国家社科基金重大项目"新时期语言文字规范化问题研究"课题组建设。网址：http://www.yywzgf.cn/。

3. 语言能力在线测试

语言能力在线测试是开放性的语言测试平台。平台提供了相应语言能力的在线测试,供用户进行自我测查。测查的内容将与学习内容在数据库部分相关联,可以根据用户测查数据提供对应的学习参考,并进行能力量级评定。目前已集成汉语能力标准测试初级试卷。初级考试客观卷 120 题,口语卷 42 题,写作卷 20 题,共计 182 题。

4. 语言规范在线讲堂

语言规范在线讲堂是开放性的语言文字规范学习平台。平台以动态的方式将与语言文字规范标准关联的学习材料、课程内容、应用案例以多媒体的形式集成,提供学习与应用服务。同时,通过在线微课程形式宣传介绍语言文字规范标准。微课程涵盖对语言文字规范标准的介绍、对语言生活中热点问题的学术解析等,努力以用户喜闻乐见的方式普及规范标准知识,提高社会对语言文字规范标准的知晓率。

三、"汉语盘点"活动

"汉语盘点"活动自 2006 年首次举办到 2017 年已连续 12 届,成为我国独特的语言年俗,是举办最早、延续时间最长、最具权威的语言文化活动之一。

"汉语盘点"活动由国家语言资源监测与研究平面媒体中心、有声媒体中心、网络媒体中心和商务印书馆联合发起,先后有 10 余家主流媒体、高校、研究机构参与支持协办。活动的宗旨是让网民用一个字、一个词描述过去一年的中国和世界,借以彰显汉语的魅力、记录社会的变迁,让人们在关心中国和世界的同时,体会汉语丰富的文化内涵。

"汉语盘点"活动的主要参与者是广大网民,通过网民推荐、专家评议、网民票选、媒体发布等环节,线上与线下结合,网民与专家互动,既充分展现汉语的独特魅力、激发公众对汉语的热爱,又借助语言引导民众理性思考自身、社会、国家与世界,已成为国内颇具影响力的文化品牌,受到国内外媒体的普遍关注。

2017 年"汉语盘点"活动于 11 月 20 日启动,共收到推荐字词数千条,网友点击量 2 亿余次。12 月 8—21 日,活动先后揭晓"2017 年度中国媒体十大流行语""2017 年度中国媒体十大新词语""2017 年度十大网络用语"和"2017 年度字词"。

第六章　语言治理体系构建

（一）历年年度字词

2006年以来"汉语盘点"活动评选出的年度字词见表6.4.2。

表6.4.2　"汉语盘点"活动历年年度字词

年份	国内字	国内词	国际字	国际词
2006	炒	和谐	乱	石油
2007	涨	民生	油	全球变暖
2008	和	改革开放30年	争	华尔街风暴
2009	被	民生	浮	金融危机
2010	涨	给力	乱	军演
2011	控	伤不起	债	欧债危机
2012	梦	钓鱼岛	衡	选举
2013	房	正能量	争	曼德拉
2014	法	反腐	失	马航
2015	廉	互联网+	恐	反恐
2016	规	小目标	变	"一带一路"
2017	享	初心	智	人类命运共同体

（二）历年流行语、新词语和网络用语

"汉语盘点"活动自2011年起每年还评选年度十大流行语、十大新词语和十大网络用语，具体见表6.4.3。

表6.4.3　"汉语盘点"历年流行语、新词语和网络用语

年份	十大流行语	十大新词语	十大网络用语
2011	中国共产党建党90周年；"十二五"开局；文化强国；食品安全；交会对接；日本大地震；欧债危机；利比亚局势；乔布斯；德班气候大会	伤不起；起云剂；虎妈；政务微博；北京精神；走转改；微电影；加名税；淘宝体；云电视	—
2012	十八大；钓鱼岛；美丽中国；伦敦奥运；学雷锋；神九；实体经济；大选年；叙利亚危机；正能量	正能量；失独家庭；鹰爸；元芳体；表哥；莫言热；弹性延迟；甄嬛体；骑马舞；中国式过马路	中国好声音；元芳你怎么看；高富帅,白富美；你幸福吗；江南Style；躺着也中枪；屌丝,逆袭；舌尖上的中国；最炫民族风；给跪了

(续表)

年份	十大流行语	十大新词语	十大网络用语
2013	三中全会;全面深化改革;斯诺登;中国梦;自贸区;防空识别区;曼德拉;土豪;雾霾;嫦娥三号	中央八项规定;棱镜门;H7N9禽流感;土豪;自贸试验区;单独二胎;中国大妈;光盘行动;女汉子;十面霾伏	中国大妈;高端大气上档次;爸爸去哪儿;小伙伴们都惊呆了;待我长发及腰;喜大普奔;女汉子;土豪(金);摊上大事了;涨姿势
2014	依法治国;失联;北京APEC;埃博拉;"一带一路";巴西世界杯;沪港通;占中;国家公祭日;嫦娥五号	新常态;沪港通;占中;"一带一路";APEC蓝;深改;冰桶挑战;小官巨腐;微信红包;抗埃	我也是醉了;有钱就是任性;蛮拼的;挖掘机技术哪家强;保证不打死你;萌萌哒;时间都去哪了;我读书少你别骗我;画面太美我不敢看;且行且珍惜
2015	抗日战争胜利70周年;互联网+;难民;亚投行;习马会;巴黎恐怖袭击事件;屠呦呦;四个全面;大众创业、万众创新;互联互通、共享共治	互联网+;众创空间;获得感;非首都功能;网约车;红通;小短假;阅兵蓝;人民币入篮;一照一码	重要的事情说三遍;世界那么大,我想去看看;你们城里人真会玩;为国护盘;明明可以靠脸吃饭,却偏偏要靠才华;我想静静;吓死宝宝了;内心几乎是崩溃的;我妈是我妈;主要看气质
2016	长征精神;两学一做;杭州G20峰会;南海;里约奥运会;脱欧;美国大选;亲信干政;天宫二号;阿尔法围棋	两学一做;冻产;表情包;洪荒之力;阿尔法围棋;网络大电影;摩拜单车;山寨社团;吃瓜群众;闺蜜门	洪荒之力;友谊的小船;定个小目标;吃瓜群众;葛优躺;辣眼睛;全是套路;蓝瘦香菇;老司机;厉害了我的哥
2017	十九大;新时代;共享;雄安新区;金砖国家;人工智能;人类命运共同体;天舟一号;撸起袖子加油干;不忘初心,牢记使命	雄安新区;共有产权房;共享充电宝;通俄门;租购同权;留置;灰犀牛;金砖+;勒索病毒;地条钢	打call;尬聊;你的良心不会痛吗;惊不惊喜,意不意外;皮皮虾,我们走;扎心了,老铁;还有这种操作;怼;你有freestyle吗;油腻

四、"随手拍错字"活动

为规范社会公共领域的国家通用语言文字使用,2017年,教育部、国家语委联合团中央、共青团北京市委、"搜狗输入法"共同组织开展"零错行动——全民随手拍错字"活动,呼吁公众关注身边的语言文字环境,扭转公共区域错别字多发现象。"搜狗输入法"同步推出"错别字征集反馈平台"。

通过对"错别字征集反馈平台"征集到的错别字进行统计整理分析后,"搜狗输入法"于12月发布《2017年错别字使用状况调查报告》。数据显示:互联网时代,网络用字是错别字的高发区,其中,微博大号占比高达69.7%;其次是网络门户和微信公众号。具体见表6.4.4。

表6.4.4 网络时代公共场所错别字分布情况

分布区域	占比
微博大号	69.7%
网络门户	8.3%
微信公众号	6.2%
报刊杂志	6.0%
电影/电视/综艺节目	4.8%
书籍	2.9%
公共区域	2.1%
合计	100.0%

第五节 语言文字工作机构和队伍建设

2017年,我国继续加强语言文字工作机构和队伍建设,加大经费投入,积极落实语言文字事业基础保障,特别是省级以下语言文字工作机构建设取得显著进展。

一、语言文字工作机构建设

(一)省级语言文字工作机构及其经费

1. 工作机构

2017年省级语言文字工作机构设置情况与上年变化不大。全国除港澳台地区以外的31个省(区、市)和建设兵团都设有省级语言文字工作机构,其中新疆设在自治区民语委、安徽和山东设在参公事业单位,其余29个均设在省级教育行政部门。工作人员共123人,比上年增加2人;其中专职人员79人,兼职人员44人。

2017年省级语言文字工作机构情况具体见表6.5.1。

表6.5.1 2017年省级语言文字工作机构情况

序号	地方省级单位	独立/合署	专职人员	兼职人员
1	北京	行政独立	5	—
2	天津	行政合署	—	2
3	河北	行政独立	3	1
4	山西	行政独立	2	1
5	内蒙古	行政独立	2	2
6	辽宁	行政合署	1	2
7	吉林	行政合署	—	1
8	黑龙江	行政独立	3	4
9	上海	行政独立	4	—
10	江苏	行政独立	3	—
11	浙江	行政合署	3	—

(续表)

序号	地方省级单位	独立/合署	专职人员	兼职人员
12	安徽	参公事业单位	4	—
13	福建	行政合署	1	—
14	江西	行政独立	2	—
15	山东	参公事业单位	5	7
16	河南	行政独立	3	3
17	湖北	行政独立	3	—
18	湖南	行政合署	7	8
19	广东	行政合署	3	—
20	广西	行政独立	2	1
21	海南	行政合署	—	1
22	重庆	行政合署	4	—
23	四川	行政独立	2	—
24	贵州	行政独立	2	—
25	云南	行政独立	3	2
26	西藏	行政合署	1	1
27	陕西	行政合署	—	2
28	甘肃	行政独立	4	1
29	青海	行政独立	2	—
30	宁夏	行政合署	—	2
31	新疆	行政独立	5	—
32	建设兵团	行政合署	—	3
合计			79	44

2. 经费情况

2017年,除港澳台地区,全国省级语言文字工作机构的工作经费平均196.45万元。北京、山西、内蒙古、辽宁、黑龙江、上海、福建、江西、山东、河南、湖北、广东、广西、海南、重庆、四川、宁夏等比上年有不同幅度的增长,河北、江苏、浙江、安徽、湖南、贵州、西藏、陕西、甘肃、青海等与上年持平,吉林等比上年减少。

(二)地级和县级语言文字工作机构及其经费

1. 工作机构

截至2017年,除港澳台地区,全国共有地级和县级语言文字工作机构2,238个,占地级和县级行政区总数①的69.92%。另外,有277个地级和县级行政区因各种原因尚未建立机构,但已落实具体人员负责管理语言文字工作,即"无机构有人管"。至此,全国共有2,515个地、县两级行政区落实了语言文字工作,占全国地、县两级行政区总数的78.35%。

在地、县两级共2,238个语言文字工作机构中:行政独立96个,占比4.29%;行政合署1,232个,占比55.05%;事业独立109个,占比4.87%;事业兼管801个,占比35.79%。

在已落实语言文字工作的2,515个地级和县级行政区中,共有工作人员4,747人,其中:专职人员1,043人,占21.97%;兼职人员3,704人,占78.03%。具体见表6.5.2。

表6.5.2 2017年地级和县级语言文字工作机构情况

序号	地方省级单位	机构情况						人员情况		
		行政独立	行政合署	事业独立	事业兼管	无机构有人管	合计	专职	兼职	合计
1	北京	4	10	2	-	-	16	18	18	36
2	天津	0	15	-	1	-	16	0	58	58
3	河北	6	65	4	117	4	196	73	320	393
4	山西	6	46	5	51	24	132	51	220	271
5	内蒙古	6	93	7	3	6	115	65	215	280
6	辽宁	-	40	19	57	8	124	45	131	176
7	吉林	1	51	-	14	7	73	19	178	197
8	黑龙江	6	87	8	21	25	147	20	179	199
9	上海	-	11	5	-	-	16	19	16	35
10	江苏	3	10				13	20	12	32
11	浙江	11	81	3	3	3	101	14	243	257

---

① 我国地级行政区共334个,县级行政区共2,876个,两级行政区共计3,210个。数据来源:https://baike.baidu.com/item/中华人民共和国行政区划/1292734? fr= aladdin。

第六章 语言治理体系构建

(续表)

序号	地方省级单位	机构情况						人员情况		
		行政独立	行政合署	事业独立	事业兼管	无机构有人管	合计	专职	兼职	合计
12	安徽	1	36	3	82	7	129	32	173	205
13	福建	5	45	–	44	–	94	20	90	110
14	江西	5	3	–	3	–	11	10	13	23
15	山东	3	37	16	83	31	170	92	239	331
16	河南	9	39	12	59	73	192	169	364	533
17	湖北	8	108	1	7	1	125	34	166	200
18	湖南	5	32	2	5	9	53	128	28	156
19	广东	1	16	1	3	–	21	17	30	47
20	广西	2	62	1	57	8	130	29	143	172
21	海南	–	11	–	–	16	27	4	31	35
22	重庆	–	29	–	9	–	38	2	40	42
23	四川	3	16	–	2	–	21	2	19	21
24	贵州	–	1	–	9	2	12	5	7	12
25	云南	4	26	–	72	37	140	11	145	156
26	西藏	–	–	3	4	–	7	9	6	15
27	陕西	–	83	0	26	7	116	8	372	380
28	甘肃	5	34	14	49	1	103	63	103	166
29	青海	–	51	–	–	–	51	0	51	51
30	宁夏	–	5	–	17	–	22	0	5	5
31	新疆	2	75	2	1	8	88	64	57	121
32	建设兵团	–	14	–	2	–	16	0	32	32
合计		96	1,232	109	801	277	2,515	1,043	3,704	4,747
			2,238							

2. 经费

2017年,全国地、县两级行政区的语言文字工作经费平均3.85万元,比上年增长0.59万元。高于平均数的有13个省(区、市),包括北京、内蒙古、上海、江苏、浙江、福建、江西、山东、广东、海南、四川、贵州、西藏;低于平均数的19个省(区、市),其中辽宁、湖北、河南3省超过3万,其余均不到3万。

第五节 语言文字工作机构和队伍建设

2017年,福建、江西、广东、四川、贵州等地大力推进二、三类城市语言文字工作评估,切实加强地方语言文字工作机构建设,经费比上年有较大幅度增长。

(三)地方普通话水平测试工作机构

截至2017年,除港澳台地区,全国31个省(区、市)和建设兵团均设有普通话水平测试工作机构。

——从机构性质看:经省级编委批准的独立法人事业单位12个,比上年增加1个;挂靠其他事业单位、高校或社会团体的14个,比上年增加3个;仍由省语委办代行职能的6个,比上年减少4个。

——从经费来源看:全额拨款11个,比上年减少2个;差额补贴2个,比上年增加1个;自收自支19个,比上年增加1个。

——从测试机构人员配置情况看:编制总额144个,与上年持平;实有工作人员166人,比上年减少11人。

省级以下的普通话水平测试工作机构是由省测试中心在各地市、高校和行业系统设立的测试站。截至2017年,全国已经建成测试站共1,697个,比上年增加61个。其中,地市测试站498个,高校测试站1,161个,行业测试站38个。

与2016年相比,省级普通话水平测试工作机构最重要的变化是有4个省(区、市)从2016年的"语委办代行职责"转为"独立法人事业单位"(新疆)和相对具有业务独立形态的"挂靠单位"(江西、广西、青海),取得了显著进步。

二、语言文字工作队伍建设

2017年,教育部、国家语委、国家民委、中国残联等部门围绕语言文字工作管理、语言文字工作督导、普通话普及攻坚、中华传统优秀文化传承发展、语言文字规范标准、民族语文应用、国家通用手语盲文推广等工作,组织举办各类专题培训班共63期,培训学员共6,011人,为语言文字事业发展提供了骨干队伍保障。具体见表6.5.3。

第六章 语言治理体系构建

表 6.5.3 2017 年语言文字工作队伍培训情况

序号	培训项目名称	期数	学员数
1	语言文字督导培训班	2	200
2	地方语委干部语言文字工作能力提升培训班	1	100
3	高校语委干部语言文字工作能力提升培训班	1	100
4	语言文字工作幼儿园骨干园长培训班	1	100
5	语言文字工作中小学骨干校长培训班	1	100
6	国培计划——少数民族双语教师普通话培训班	10	950
7	少数民族地区双语教师培训	9	900
8	中西部地区农村骨干教师语言能力提升培训班	3	300
9	港澳中小学教师普通话能力提升培训班	1	115
10	第四期藏汉双语翻译干部培训班	1	40
11	中华经典诵写讲骨干教师培训班	1	100
12	国培计划——中小学经典诵读教育骨干教师培训班	1	150
13	全国中小学书法教师研修班	1	100
14	语言文字规范标准培训班	6	810
15	第 3 期全国民族语文应用研究中青年学者研修班	1	72
16	第 10 期全国民族语文翻译工作业务骨干高级研修班	1	73
17	第 31 期中央普通话培训班	1	98
18	国家级普通话水平测试员考核班	2	242
19	汉字应用水平测试培训班	2	120
20	科技名词规范应用培训班	3	800
21	国家通用手语骨干人员培训班	6	350
22	国家通用盲文骨干人员培训班	7	151
23	第 2 期电视台手语翻译培训班	1	40
	合计	63	6,011

附 录

教育部 国家语委关于印发《国家通用语言文字普及攻坚工程实施方案》的通知

各省、自治区、直辖市教育厅(教委)、语委,新疆生产建设兵团教育局、语委:

现将《国家通用语言文字普及攻坚工程实施方案》印发给你们,请遵照执行。请及时总结经验,发现问题,将实施过程中的有关情况报我部语言文字应用管理司。

教育部 国家语委

2017 年 3 月 14 日

国家通用语言文字普及攻坚工程实施方案

为贯彻落实《国家语言文字事业"十三五"发展规划》,确保"到 2020 年,在全国范围内基本普及国家通用语言文字"目标的实现,推动"国家通用语言文字普及攻坚工程"(以下简称普及攻坚工程)有效实施,制定本方案。

一、总体要求

(一)充分认识在我国普及国家通用语言文字的重要意义。我国作为一个多民族、多语言、多方言的人口大国,树立国家通用语言文字认同感,有利于培育中华民族共同体意识、增进文化认同和国家认同,有利于弘扬以爱国主义为核心的民族精神,增强中华民族的凝聚力和向心力。加强国家通用语言文字推行力度、提高普及程度和应用规范水平,具有重要的政治和社会意义,不仅能够方便各地域间人们的沟通、各民族间的交流交往交融,也事关整个中华民族历史文化传承,将对维护国家统一和民族团结,建设中华民族共有精神家园产生重要作用。强国必先强语,强语助力强国。

（二）高度重视基本普及国家通用语言文字在国家发展大局中的重要作用。随着新型工业化、城镇化的深入发展,社会人口流动更加频繁,全国统一的劳动力市场逐步形成,迫切需要国民具备普通话的沟通能力和较高的语言文字应用水平,提升自身的综合素质。虽然我国的普通话平均普及率已超过70%,但东西部之间、城乡之间发展很不平衡,西部与东部有20个百分点的差距;大城市的普及率超过90%,而很多农村地区只有40%左右,有些民族地区则更低。中西部地区还有很多青壮年农民、牧民无法用普通话进行基本的沟通交流,这已经成为阻碍个人脱贫致富、影响地方经济社会发展、制约国家全面建成小康社会,甚至影响民族团结和谐的重要因素。扶贫首要扶智,扶智应先通语。

（三）准确把握普及攻坚工程的重点目标和主要任务。"十三五"期间,实现国家通用语言文字基本普及,是党中央、国务院为国家语言文字工作确定的首要目标。必须坚持创新、协调、绿色、共享、开放的发展理念,迎难而上。要结合国家精准扶贫、精准脱贫基本方略,结合新型城镇化和社会主义新农村建设,以农村地区和民族地区为重点,以劳动力人口为主要对象,摸清攻坚人群基本情况和需求,制定普通话普及攻坚具体实施方案,大力提高普通话的普及率,为经济发展提供新动力,为文化建设提供强助力,为打赢全面小康攻坚战奠定良好基础。

二、基本原则

（一）坚持政府主导,协同推进。落实地方政府主体责任,省级统筹,市级为主,县级实施,动员社会各方面力量参与,发挥中央支持政策的引导激励作用,形成攻坚合力。

（二）坚持突出重点,精准发力。综合地域、人口、经济、教育、文化等基础因素和条件保障,找准突出问题,聚焦薄弱地区和人群,集中力量打好攻坚战。

（三）坚持因地制宜,分类指导。统筹考虑地域差别和城乡差距,制定适合不同情况的具体办法,统一规划,分步实施,保证攻坚目标如期达成。

（四）坚持制度建设，注重长效。立足当前，着眼长远，着力加强语言文字工作基础建设，构建长效机制，提高治理能力，完善工作机制，确保国家通用语言文字推行普及工作常抓不懈。

三、工程目标

（一）总体目标。本工程的总体目标是确保"到2020年，在全国范围内基本普及国家通用语言文字"，具体设定为全国普通话普及率平均达到80%以上。

（二）区域和省级目标。根据现有的普通话基础和全国总体目标，各地要制定各自的具体目标和任务：

——东部地区重点是提高水平。各地要将普通话普及率提高到85%以上，对普及率较低的县域，要采取相应攻坚措施，确保在"十三五"末达到80%以上。

——中部地区重点是普及达标。各地要将普通话普及率提高到80%以上，对普及率较低的县域重点攻坚，至少提高到75%以上。

——西部地区重点是普及攻坚。各地要按照国家总体目标和地域实际情况制定具体目标。有条件的要力争将普通话普及率提高到80%以上；基础较差的要确保将普通话普及率提高到70%以上；特别困难的要加大工作力度，采取多种办法，确保每个县域的普及率在现有基础上至少提高10个百分点，原则上到2020年特殊困难县域的普及率不得低于50%。

（三）攻坚任务。

——各地对普及率已经达到70%以上的县域进行集中提高，其中75%—79.9%的县域争取于2018年年底之前、70%—74.9%的县域争取于2019年年底之前提高到80%。

——各地对普及率已经达到50%以上的县域进行普及攻坚，大幅度提高普通话普及率，力争至2020年年底之前实现一半以上的县域普及率达到70%，其中城市地区达到普及率80%的目标。

——各地对普及率50%以下的县域要加快工作进度，确保在2020年年底之前将各县域普及率提高10个百分点以上；原则上要将所有县域的普及率提高到50%以上，为进一步实现基本普及目标打好基础。

四、重点措施

（一）大力提升教师国家通用语言文字应用能力。

1. 在各级各类校长综合培训和教师业务培训中，加入国家语言文字法律法规、方针政策和规范标准等内容，强化校长和教师的国家通用语言文字意识，确保普通话和规范汉字为教育教学的基本用语用字，为学生创设良好的国家通用语言文字学习使用环境。

2. 通过脱产培训、远程自学、帮扶结对等方式，使普通话未达到国家规定标准的教师，尤其是民族地区双语教师快速提高普通话水平。力争在"十三五"内使所有教师的普通话水平达标；民族地区双语教师的普通话能够胜任双语教学工作。

3. 严把教师入口关，新任教师普通话水平必须达到国家规定的标准。有条件的地区，可以进一步开展教师普通话水平提高培训和中华经典诵读教师培训，进一步提高教师的国家通用语言文字意识、语言文字应用能力和中华优秀语言文化传授能力。

（二）全面提升基层干部职工普通话能力。

4. 切实发挥公务员在推行普及国家通用语言文字工作中的表率作用，加强对党政机关公务员及事业单位职员等基层干部的普通话培训。"十三五"内国家机关公务员的普通话水平应达到国家规定的相应等级标准。新录入公务员应具备相应的普通话水平。

5. 切实落实"国家机关以普通话和规范汉字为公务用语用字"的法律规定，重视并提高对基层干部国家通用语言文字意识和应用能力的要求。各地要加大对基层干部的培训力度，采取多种措施，通过集中学习、"一对一"互帮互学等有效方式，对不具备国家通用语言文字沟通能力的县以下基层干部进行专门培训，使其能够用普通话进行沟通交流，能够读懂国家通用语言文字政策文件，能够用国家通用语言文字写作公文。

6. "十三五"期间，党政机关及学校、新闻媒体、公共服务行业的主管部门应采取多种措施，确保这些重点领域从业人员的普通话全部达标，为社会做出良好的表率，切实发挥带头示范和窗口作用。

（三）增强青壮年农民、牧民普通话应用能力。

7. 以中西部农村尤其是西部民族农村地区为重点,创造学习条件,创新学习方式,结合当地旅游服务、产业发展等需求和农村职业技能培训,对不具备普通话沟通能力的青壮年农民、牧民进行专项培训,使其具有使用普通话进行基本沟通交流的能力,并进一步达到工作就业和职业发展所需要的水平,提高就业竞争力,拓展职业发展空间。

8. 外来务工人口较多的城市,应将外来常住人员纳入本地语言文字工作范围,将普通话培训纳入职业技能培训的重要内容,增强外来人员适应和融入本地生活的能力以及参与城市建设工作的能力。

9. 参与对口支援建设工作的省市,要将语言文字工作支援列入援助工作的重要内容,采取有力措施,切实帮助受援地青壮年农民、牧民提高普通话交流水平,提升其自主就业和创业的能力,提升当地经济发展"造血"能力。

五、条件保障

(一)强化政府责任。各地要将基本普及国家通用语言文字作为全面建成小康社会和"十三五"脱贫攻坚的重要基础工作,明确县级以上各级人民政府责任,结合本地区实际情况,加强统筹规划,制定时间表和路线图,细化具体措施,确保攻坚目标如期达成。教育部、国家语委要加强统筹协调,跟踪了解各地普及任务完成情况,及时发现问题,总结推广有益经验,并建立定期监测机制,及时全面掌握国家语言文字基础情况。

(二)加强督导验收。各地要以县为单位对基本普及国家通用语言文字情况进行逐个验收,结果向社会公布。各地要把普及国家通用语言文字作为考核地方政府教育和语言文字工作实绩的重要内容。国家语委将联合国务院教育督导部门,以地市为单位,重点对西部和民族地区开展语言文字专项督导。

(三)加大经费投入。各地要根据本地区的普及攻坚任务和目标,按照各级人民政府的责任,保障经费投入,确保各项攻坚措施有效实施。语言文字工作各相关部门和行业应确保语言文字工作经费投入,依法落实本领域国家通用语言文字的普及要求。教育部、国家语委将加强资源统筹,重点对西部地区尤其是民族地区普及攻坚工作给予支持。

(四)发挥学校作用。学校是推行普及国家通用语言文字、培养国民语言文字规范意识的重点领域,学校教育是提高国民语言文字应用能力的主要渠道。

各级各类学校要重视加强学校的语言文字工作,通过学校语言文字规范化建设工作,创造良好的普通话使用环境,确保学生具有较强的语言文字规范意识和语言文字应用能力。同时注意发挥学校对社会和家庭的辐射带动作用,鼓励学生帮助家长学习提高普通话水平,提供条件、鼓励教师积极承担本地青壮年农民、牧民的普通话培训等相关工作。

(五)加强宣传动员。坚持推广普通话"以党政机关为龙头、学校为基础、新闻媒体为榜样、公共服务行业为窗口"的方略,充分调动语言文字工作各相关部门的积极性,各负其责、各尽其力,从本部门和本行业的特点出发,加大本领域推广普及力度。加强政策宣传引导,积极构建平台网络,鼓励和吸引企业、社会团体为国家通用语言文字普及贡献力量。

教育部 国家语委
关于进一步加强学校语言文字工作的意见

各省、自治区、直辖市教育厅（教委）、语委，新疆生产建设兵团教育局、语委，部属各高等学校：

为深入贯彻党和国家的语言文字方针政策、法律法规，落实《国家中长期教育改革和发展规划纲要（2010—2020年）》《国家中长期语言文字事业改革和发展规划纲要（2012—2020年）》及《国家语言文字事业"十三五"发展规划》，切实发挥学校在语言文字工作中的基础作用，现就进一步加强学校语言文字工作提出如下意见：

一、进一步提高对加强学校语言文字工作的认识

（一）学校是语言文字工作的基础阵地。学校是推广和普及国家通用语言文字、培养国民语言文字规范意识、增强国民文化自信的重点领域，使用和推广国家通用语言文字是各级各类学校的法定义务，是学校依法办学的基本要求。学校教育教学是提高国民语言文字应用能力、提升人力资源素质的主要渠道。学校师生是传承弘扬中华优秀传统文化、革命文化和社会主义先进文化的重要力量。扎实做好学校语言文字工作，是切实发挥语言文字事业基础性、全局性作用的关键环节。

（二）学校语言文字工作是学校教育工作的重要组成部分。说好普通话、用好规范字、提高语言文字应用能力是学校培养高素质人才的基本内容。语言文字应用能力的培养要从小抓起，良好的口语、书面语表达水平和语言综合运用能力，是国民综合素质的重要构成要素，在个人成长成才过程中具有不可替代的作用。提高学生的语言文字应用能力，是实施素质教育的必然要求，是强化学生能力培养的重要内容，是提高学生学习能力、实践能力、创新能力的坚实基础。学校做好语言文字工作，对学生掌握科学文化知识、全面提高综合素质、自觉践行社会主义核心价值观、增强文化自信具有重要意义。

（三）做好学校语言文字工作，是全面建成小康社会的必然要求。语言文字事业是文化软实力的重要组成部分，是国家综合实力的重要支撑力量，与社会同

发展、与时代共进步,对全面建成小康社会具有重要的推动作用。做好学校语言文字工作,充分发挥学校的人才培养及社会辐射作用,将语言文字工作从校园向社会延伸,提高全民尤其是农村、边远贫困地区、民族地区学生和青壮年的语言文字应用能力,是实施科教兴国战略和人才强国战略的内在需求,是全面建成小康社会的必然要求,也是实现中华民族伟大复兴的重要环节。

二、学校语言文字工作的主要目标

（一）总体目标。学校语言文字工作的总体目标是打造全社会语言文字规范化建设的示范标杆,培养学生的"一种能力两种意识"。"一种能力"即语言文字应用能力;"两种意识"即自觉规范使用国家通用语言文字的意识和自觉传承弘扬中华优秀文化的意识。

（二）教师目标。熟悉党和国家语言文字方针政策及相关法律法规,普通话水平达标,汉字应用规范、书写优美,具有一定的朗诵水平和书法鉴赏能力,熟练掌握相关语言文字规范标准;具有高度的文化自觉和文化自信;普遍具有自觉推广国家通用语言文字与中华优秀文化的意识和自豪感。

（三）学生目标。普通话水平达标,口语表达清晰达意,交流顺畅;掌握相应学段应知应会的汉字和汉语拼音,具有与学段相适应的书面写作能力、朗读水平和书写能力,高校学生应具有一定的书法鉴赏能力;具有对中华优秀文化的认同感、自豪感和自信心。

三、工作措施和要求

（一）加强学校语言文字工作机制建设。各级各类学校要深入贯彻执行党和国家语言文字方针政策、法律法规,建立完善语言文字工作机制和管理制度,加强队伍建设,在学校内涵建设和育人目标中明确语言文字工作要求,定位准确,目标明晰,措施到位。建立切实可行的工作制度和评价体系,相关要求贯穿于学校常规工作和主要环节,常抓不懈,确保学校语言文字工作有序开展,取得实效。

（二）坚持学校语言文字工作与教育教学工作相互促进。各级各类学校要将语言文字工作纳入学校工作的日常管理,列入科研项目的总体计划,把提高学生语言文字应用能力列入培养目标的基本要求,作为教育教学的基本内容,将学

生语文素养的培养融入到德育、智育、体育、美育、社会实践等各项教育活动及校园文化建设中。通过高标准的语言文字工作要求，促进学校管理水平的提升；通过加强语言文字能力培训，促进整体师资水平的提升；通过增强语言文字应用能力，促进学生综合素质和能力的提升。

（三）加强学校语言文字工作规范化建设。各地根据《中小学语言文字工作指导标准》（见附件）的要求，结合原有工作基础和本地区实际情况，制订适合各级各类学校的建设标准和评分细化方案，开展学校语言文字工作达标建设。高等学校应更加注重语言文字法律法规和规范标准的宣传推广，语言文字科学研究、工作方法和活动组织的创新实践；幼儿园应更加注重校园语言文字环境规范建设、教师的语言文字规范意识及应用能力的培养和建设，结合幼儿的学习特点，积极发展幼儿的倾听、理解和表达能力，民族地区双语幼儿园应注重为幼儿创设普通话交流的语言环境。有条件的地区，应在2020年前完成所有学校语言文字工作达标建设；暂不具备条件的地区，可适当推迟达标时限，所有学校最迟应在2025年前完成达标建设工作，2020年前应完成一半以上。各地可在学校达标建设的基础上，开展各级语言文字示范校创建工作。

（四）加强学校语言文字工作督导评估。各级教育督导部门和语言文字工作部门在按照《语言文字工作督导评估办法》开展督导工作时，要将学校作为语言文字工作督导评估的重点领域，切实按照每5年一轮的频度对学校语言文字工作进行督导评估，确保学校语言文字工作规范化建设有序推进，达标建设任务按时完成。

（五）加强组织领导。各级教育行政部门负有主管语言文字工作的职责，应有专门机构和人员专管或兼管语言文字工作。各级语言文字工作机构要主动协调教育行政部门内部的相关职能部门，明确职责，分工协作，切实负起责任，共同做好职责范围内的各级各类学校语言文字工作。

（六）健全经费保障机制。各级教育行政部门和语言文字管理部门要保障学校语言文字工作经费，充分调动各方积极性，形成合力，共同推动工作开展。

教育部　国家语委
2017年1月17日

国家民委
"十三五"少数民族语言文字工作规划

一、指导思想和基本原则

(一) 指导思想

高举中国特色社会主义伟大旗帜,以马克思列宁主义、毛泽东思想、邓小平理论、"三个代表"重要思想、科学发展观为指导,全面贯彻落实党的十八大和十八届三中、四中、五中、六中全会精神,深入学习贯彻习近平总书记系列重要讲话和中央民族工作会议精神,紧紧围绕"四个全面"的战略布局和"两个共同"的民族工作主题,全面执行党和国家关于少数民族语言文字的政策法规,依法保障各民族使用和发展自己的语言文字的自由,尊重语言发展规律,积极稳妥开展少数民族语言文字工作,为推进民族团结进步事业,实现"中华民族一家亲,同心共筑中国梦"作出努力。

(二) 基本原则

坚持依法管理、依法办事,大力推广和规范使用国家通用语言文字,保障各民族都有使用和发展自己的语言文字的自由;坚持实事求是,分类指导,推动少数民族语言文字工作科学发展;坚持鼓励各民族互相学习语言文字,促进民族关系和谐发展。

二、发展目标

到 2020 年,各民族使用和发展自己的语言文字的自由得到进一步保障,少数民族语言文字规范标准基本满足社会需求,信息化水平进一步提高。各民族语言文字科学保护得到加强,少数民族语言文字传承和弘扬中华民族优秀文化的作用进一步发挥,社会语言生活和谐发展。

三、主要任务和重点项目

(一) 大力推进少数民族语言文字工作法治化建设

加大宣传力度,进一步贯彻落实《中华人民共和国宪法》《中华人民共和国民族区域自治法》和《国家民委 中央组织部 中央统战部 教育部 人力资源社会保障部 国家公务员局关于推进民族地区干部双语学习工作的意见》《国家民委关于做好少数民族语言文字管理工作的意见》《国家民委关于进一步做好民族语文翻译工作的指导意见》等关于少数民族语言文字工作的法律法规和文件,营造各民族互相学习语言文字的良好氛围,促进各民族语言文字和谐相处、健康发展。〔责任单位:教科司、政法司、文宣司,各有关地方民族语文工作部门。注:列在首位的为牵头单位,其他为主要参加单位。委属各有关高校指中央民族大学、西南民族大学、西北民族大学。翻译局指中国民族语文翻译局(中心)。各有关地方民族语文工作部门指工作所涉及省、自治区、直辖市和新疆生产建设兵团民(宗)委(厅、局),广西、西藏、新疆民语委(办)。下同。〕

加强少数民族语言文字执法工作,会同有关部门开展少数民族语言文字法律法规实施情况调研和监督检查,保障各民族使用和发展自己的语言文字的自由。及时跟踪、研究少数民族语言文字领域的新情况、新问题,根据实际需要,推动各有关地区加强少数民族语言文字工作法治化建设。(责任单位:教科司、政法司、督查司,各有关地方民族语文工作部门。)

重点项目1 宣传贯彻党和国家关于少数民族语言文字的方针政策

加大党和国家关于少数民族语言文字方针政策的宣传力度,进一步促进党和国家民族语文政策的贯彻落实。重点对民族自治地方、边境地区、民族乡开展少数民族语言文字方针政策的宣传教育。鼓励各民族干部群众互相学习语言文字。(责任单位:教科司、文宣司,各有关地方民族语文工作部门。)

重点项目2 推动各有关地区加强少数民族语言文字工作法治化建设

加强少数民族语言文字的法制建设,保障各民族都有使用和发展自己的语言文字的自由。各有关地区根据实际,推动民族语文工作的规范化、法治化、科学化进程。(责任单位:教科司、政法司,各有关地方民族语文工作部门。)

（二）加强少数民族语言文字基本情况调查与科研工作

加强少数民族语言文字调查研究，开展少数民族语言文字政策法规、少数民族语言文字应用、少数民族语言文字翻译理论、少数民族语言文字发展规律等研究。对民族地区行政机关、司法机关、新闻出版、广播影视、公共服务行业及其从业人员的语言使用情况进行调查，为制定相关行业语言文字政策和满足语言使用需求提供服务。积极开展少数民族语言文字科研工作，整合相关科研力量，建立和完善科研管理制度。（责任单位：教科司、研究室，委属各有关高校，各有关地方民族语文工作部门。）

重点项目3　配合开展全国语言文字使用现状调查项目工作

支持教育部在全国范围内开展语言文字使用现状调查，对少数民族语言及其方言的种类、分布区域、使用人群和使用变化状况进行调查，对跨境语言的分布和使用情况进行调查，并探索建立动态监测机制。（责任单位：教科司，委属各有关高校，各有关地方民族语文工作部门。）

重点项目4　加强少数民族语言文字科研工作

组织和支持相关科研机构、大专院校及专家学者对少数民族语言文字工作的基础理论和应用问题进行研究。以有关院校和机构为依托，培养少数民族语言文字科研人才，形成老中青相结合、汉族专家和少数民族专家相结合、语言学和其他相关学科专家相结合的少数民族语言文字科研队伍。（责任单位：教科司、研究室，委属各有关高校，各有关地方民族语文工作部门。）

（三）大力加强双语人才队伍建设

抓好双语人才队伍建设相关政策法规和文件贯彻落实。依托民族语文翻译机构、民族院校、民族地区高校等单位，培训熟练掌握国家通用语言文字和少数民族语言文字的双语人才。推动建立双语学习激励机制，支持少数民族干部学习国家通用语言，鼓励汉族干部学习少数民族语言。依托有关单位，提高少数民族和民族地区专业技术人才双语水平。持续推进双语人才基地建设。进一步加大对艰苦边远的少数民族地区双语人才的培养扶持力度。健全民族语文水平等级测试标准和少数民族汉语水平等级测试标准。（责任单位：教科司、人事司，各有关地方民族语文工作部门。）

参与做好双语教育工作。协同有关部门，科学稳妥推行双语教育。依据法律、遵循规律、结合实际,坚定不移推行国家通用语言文字教育,提升少数民族学生掌握和使用国家通用语言文字的能力和水平。尊重和保障少数民族使用本民族语言文字接受教育的权利,不断提高少数民族语言文字教学水平。(责任单位:教科司,各有关地方民族语文工作部门。)

重点项目5 建设双语人才基地

支持双语人才培养培训基地和双语培养培训机构建设。提高国家民委双语人才培训基地建设水平,推动各地、有关单位加强双语人才培养培训基地建设,积极面向少数民族和民族地区开展多层次双语人才培养培训工作。建立和完善基地管理制度、培训课程体系。(责任单位:教科司,委属各有关高校,各有关地方民族语文工作部门。)

重点项目6 推进双语人才培养培训

实施少数民族双语人才培养项目。推进各级各有关部门贯彻落实民族地区干部双语学习有关文件,健全和完善双语干部培养、评价、选拔、激励、保障的体制和机制,大力促进民族地区干部双语能力水平提高。支持各相关行业、领域加强双语人才培养培训工作。加强精品课程和精品教材建设。开发建设双语学习载体和平台。(责任单位:教科司、人事司,各有关地方民族语文工作部门。)

(四)配合推进少数民族语言文字规范化标准化信息化建设

配合加强少数民族语言文字规范化标准化工作。进一步完善少数民族语言文字规范标准体系,支持研究制订社会应用和信息化急需的少数民族语言文字基础规范标准。支持建立少数民族语言文字新词术语审定发布制度,定期发布少数民族语言文字新词术语审定公告。(责任单位:教科司,各有关地方民族语文工作部门。)

配合推进少数民族语言文字标准化建设。支持加强少数民族语言文字标准的统筹管理,健全少数民族语言文字标准的层级和体系。配合教育部加快制订、完善少数民族语言文字基础标准,重点建设教育、信息处理、广播影视、新闻出版、辞书编纂和公共服务等领域的标准。配合工业和信息化部加快制订完善少数民族语言文字信息处理标准。及时开展标准的复审、修订等工作。(责任单位:教科司,各有关地方民族语文工作部门。)

配合推进少数民族语言文字信息化建设。支持民族地区推进少数民族语言文字信息化基础研究和资源开发。支持教育部建设少数民族语言文化资源库和传统通用少数民族语言的大规模语料库。协同有关部门进行少数民族语言文字信息技术基础研究和软件研发,支持少数民族语言文字统一平台建设,提高软件研发的水平与效益,做好少数民族语言文字数字化产品的推广应用工作。(责任单位:教科司、翻译局,各有关地方民族语文工作部门。)

重视支持跨境少数民族语言文字信息化建设,服务国家周边外交,切实维护国家安全。加强双语网络信息化平台建设,掌握网络舆论主导权,确保网络信息安全。(责任单位:教科司、督查司、国际司、舆情中心,各有关地方民族语文工作部门。)

重点项目7 少数民族语言文字信息化建设项目

加强民族语文智能语音翻译系统研发。进一步开展民族语文机器翻译软件、民汉智能语音翻译软件、民族语文文本识别软件和民族语文翻译著作电子书、有声读物、双语词典、电子词典等有关软件的研发及相关标准的研制,推动互联网信息民族语文搜索能力建设。加大民族文应用软件成果转化与普及推广力度。(责任单位:教科司、翻译局,委属各有关高校,各有关地方民族语文工作部门。)

(五)加强少数民族语言文字公共服务

开展双语和谐乡村建设工作,促进国家通用语言文字推广使用和少数民族语言文字传承保护。探索建设城镇双语和谐社区和建立志愿者队伍,为不通晓国家通用语言文字的公民提供翻译等方面的公共服务。加大力度支持在少数民族聚居区的医院、邮局、学校、政务服务大厅、机场、火(汽)车站等公共服务机构或场所提供双语服务。面向社会开展语言文字政策法规、规范标准、应用业务等的免费咨询服务。推动依法规范公共领域的文字使用,协调有关部门,依法用规范汉字和本民族文字印制少数民族公民的身份和资格证件。(责任单位:教科司、政法司、督查司,各有关地方民族语文工作部门。)

重点项目8 双语和谐乡村(社区)建设项目

开展双语和谐乡村(社区)建设工作,推进民汉双语学习使用。指导各有关地区按照有关规定开展双语和谐示范典型创建活动,以特色服务、帮扶互助、宣传教育、促进交流为重点,进一步推进乡村(社区)双语培训工作。(责任单位:教科司,各有关地方民族语文工作部门。)

重点项目9 少数民族语言文字服务能力建设项目

支持教育部建立国家语言应急服务和援助机制。根据国家战略需求,制定应对国际事务和突发事件的关键语言政策,建设少数民族语言能力人才资源库。支持推动社会建立应急和特定领域专业少数民族语言人才的招募储备机制,提供突发条件下的少数民族语言应急服务。探索推进民汉双语公共服务志愿者队伍建设。(责任单位:教科司、督查司、翻译局,委属各有关高校,各有关地方民族语文工作部门。)

(六)科学保护少数民族语言文字与传承弘扬中华优秀文化

支持教育部加强少数民族语言资源数字化建设,推动语言资源共享,充分挖掘、合理利用语言资源的文化价值和经济价值。支持建立和完善中国语言资源库、语言资源服务系统,抓紧做好濒危语言文字的数字化整理和记录保存工作,加大少数民族濒危语言文字保护力度。推动开展台湾少数民族语言文字研究。(责任单位:教科司,各有关地方民族语文工作部门。)

充分发挥语言文字传承弘扬中华优秀文化的载体作用。积极开展双语学习等活动,加强中华优秀文化和革命传统教育,提升国民的文化素养和道德素养。(责任单位:教科司、文宣司,各有关地方民族语文工作部门。)

重点项目10 少数民族濒危语言保护项目

积极参与中国语言资源保护工程,推进科学设计、统一规划,收集濒危少数民族语言的有声语料,整理保存和深入开发利用,科学保存中国各民族语言实态。(责任单位:教科司,委属各有关高校,各有关地方民族语文工作部门。)

(七)加强少数民族语言文字翻译出版广播影视工作

重视少数民族语言文字翻译工作,加快国家级民族语文翻译基地建设。依托现有研究机构和高校等资源,设立一批少数民族语文翻译基地。做好民族语文翻译科研工作,定期组织开展民族语文翻译学术研讨交流,支持民族语文翻译学术期刊的编辑出版。支持开展民族语文翻译工作的对外交流与合作。会同有关部门加强对边境地区民族语文翻译出版物的监管。(责任单位:教科司、翻译局、文宣司、国际司,各有关地方民族语文工作部门。)

完善民族语文翻译工作机制,组建民族语文翻译专家委员会,构建民族语文翻译学术评估机制。探索建立翻译作品和翻译理论研究著作、翻译工作者、翻译机构的评优奖励制度。(责任单位:教科司、翻译局、人事司,各有关地方民族语文工作部门。)

提高对党和国家重大会议、马列著作等党和国家重要文献文件、法律法规,以及公共文化事业、城市民族工作等领域的翻译水平。为社会提供少数民族语言文字翻译服务。(责任单位:教科司、翻译局,各有关地方民族语文工作部门。)

协调配合有关部门,切实做好少数民族语言文字新闻出版和广播影视工作,加强少数民族语言广播影视节目的制作、译制和播出能力;支持少数民族语言文字网站和新兴传播载体有序发展。(责任单位:文宣司,各有关地方民族语文工作部门。)

重点项目11　少数民族语言文字翻译项目

组织编写翻译时事政治、法律法规、科普、文化等领域双语读物,努力提高翻译出版的数量与质量。实施少数民族语言文字翻译史研究工程,将蒙古、藏、维吾尔、哈萨克、朝鲜5个语种翻译史列入科研项目。做好少数民族经典文库翻译工作,扩大少数民族文化在国内外影响力,精选一批有代表性的各民族典籍和优秀现当代文化艺术作品,进行民汉互译,打造民族语文翻译精品。(责任单位:翻译局、文宣司、教科司、研究室、古籍整理研究室,各有关地方民族语文工作部门。)

重点项目12　国家级民族语文翻译基地建设项目

实施国家级民族语文翻译基地建设工程。支持推动将重要民族语文翻译出版成果和民族语文辅助翻译软件成果纳入政府采购项目。充分发挥国家级民族语文翻译基地的人才汇聚优势,为国内民族语文翻译行业提供实习、培训服务。围绕各语种民族语文翻译人才缺口,与高等院校、科研机构合作制定培训和人才联合培养计划。推动在高级翻译人才引进、重大翻译项目安排等方面优先向基地倾斜,完善人才培养、引进和激励措施,加强民族语文翻译业务和翻译管理两支专业队伍建设。(责任单位:翻译局、教科司、人事司,各有关地方民族语文工作部门。)

四、组织实施和保障措施

(一)加强组织领导

本规划由国家民委组织实施,国家民委教科司具体负责,各有关地方民族语文工作责任部门,国家民委机关各有关部门、直属有关单位承担相应任务,动员

有关高等学校和科研机构以及社会各方面积极参与,形成各有关部门在各级党委、政府统一领导下各司其职,社会各方面通力协作的规划组织实施工作格局。(责任单位:教科司,各有关地方民族语文工作部门。)

(二) 健全工作机构

持续推动建立健全少数民族语言文字工作机构,形成政府统筹协调、业务部门主管、有关部门密切配合、社会各界广泛参与的少数民族语言文字工作格局。各级少数民族语言文字工作机构应加强调查研究,认真分析本地区少数民族语言文字工作状况,深入研究现阶段少数民族语言文字发展的趋势和特点,提出切合实际的政策性意见和建议,制定切合实际的工作规划并组织实施,切实履行好管理少数民族语言文字工作的职责。(责任单位:教科司、人事司,各有关地方民族语文工作部门。)

(三) 提供经费保障

各有关地方民族语文工作责任部门、国家民委机关各有关部门、直属有关单位,应进一步争取支持,加大投入,完善少数民族语言文字工作经费保障机制,切实保障少数民族语言文字工作的开展和少数民族语言文字事业的持续发展,确保有关任务和项目顺利实施。(责任单位:教科司、财务司、办公厅、翻译局,委属各有关高校,各有关地方民族语文工作部门。)

(四) 加强监督检查

建立健全监督检查机制,确保规划的各项任务和重点项目落到实处。各有关地方民族语文工作部门要切实履行职责,加强与有关部门的协调和沟通,监督检查规划的执行情况,定期向本级政府和上级民族语文工作部门报告。(责任单位:教科司、办公厅、督查司,各有关地方民族语文工作部门。)

抄送:教育部语言文字应用管理司、语言文字信息管理司,工业和信息化部信息化和软件服务业司,国家标准化管理委员会工业标准二部,八省区蒙古语文工作协作小组办公室,东北三省朝鲜语文协作领导小组办公室,北京语言大学,延边大学,云南民族大学,青海师范大学,青海警官职业学院。

2017年发布或通过审定的语言文字规范标准

一、国家质检总局、国家标准委批准发布的语言文字国家标准

序号	名称	标准号	发布日期	实施日期
1	公共服务领域英文译写规范 第2部分:交通	GB/T 30240.2-2017	2017.05.22	2017.12.01
2	公共服务领域英文译写规范 第3部分:旅游	GB/T 30240.3-2017	2017.05.22	2017.12.01
3	公共服务领域英文译写规范 第4部分:文化娱乐	GB/T 30240.4-2017	2017.05.22	2017.12.01
4	公共服务领域英文译写规范 第5部分:体育	GB/T 30240.5-2017	2017.05.22	2017.12.01
5	公共服务领域英文译写规范 第6部分:教育	GB/T 30240.6-2017	2017.05.22	2017.12.01
6	公共服务领域英文译写规范 第7部分:医疗卫生	GB/T 30240.7-2017	2017.05.22	2017.12.01
7	公共服务领域英文译写规范 第8部分:邮政电信	GB/T 30240.8-2017	2017.05.22	2017.12.01
8	公共服务领域英文译写规范 第9部分:餐饮住宿	GB/T 30240.9-2017	2017.05.22	2017.12.01
9	公共服务领域英文译写规范 第10部分:商业金融	GB/T 30240.10-2017	2017.05.22	2017.12.01
10	语言培训服务基本术语	GB/T 34418-2017	2017.10.14	2018.05.01
11	信息技术 基于数字键盘的锡伯文字母布局	GB/T 34951-2017	2017.11.01	2018.05.01
12	信息技术 基于数字键盘的朝鲜文字母布局	GB/T 34957-2017	2017.11.01	2018.05.01
13	信息技术 朝鲜文通用键盘字母数字区的布局	GB/T 34958-2017	2017.11.01	2018.05.01
14	公共服务领域俄文译写规范	GB/T 35302-2017	2017.12.29	2018.07.01
15	公共服务领域日文译写规范	GB/T 35303-2017	2017.12.29	2018.07.01

二、国家语委语言文字规范标准审定委员会审议通过的语言文字规范标准

序号	名称	审议日期	拟发布形式
1	《通用规范汉字表》楷体字形规范	2017.12.20	国家标准(向国家标准委报批)
2	国家通用盲文方案	2017.12.20	语言文字规范
3	国家通用手语常用词表	2017.12.20	语言文字规范
4	中国英语能力等级量表	2017.12.20	语言文字规范

2017年国家语言文字工作大事记

一、普及与规范

◎ 1月4日,国家工商总局在中国商标网发布公告,公布新修订的《商标审查与审理标准》,规定:"标志中含有不规范汉字或对成语的不规范使用,容易误导公众特别是未成年人认知的,属于《商标法》第十条第一款第(八)项规定的'有害于社会主义道德风尚或者有其他不良影响的'情形,不得作为商标使用和注册。"

◎ 3月13日,教育部、国家语委印发《关于开展普通话基本普及县域验收工作的通知》(教语用函〔2017〕1号),要求各地根据国家通用语言文字普及攻坚的总体目标、区域目标以及重点任务的路线图和时间表,开展县域普通话基本普及达标验收。

◎ 3月14日,教育部、国家语委印发《国家通用语言文字普及攻坚工程实施方案》(教语用〔2017〕2号),明确了国家通用语言文字普及攻坚工程的总体要求、基本原则、工程目标、重点措施和条件保障。

◎ 4月13日,民政部发布《关于增补藏南地区公开使用地名(第一批)的公告》(第404号),公布第一批增补藏南地区公开使用地名6个,分别为乌间岭、米拉日、曲登嘎布日、梅楚卡、白明拉山口、纳姆卡姆。

◎ 5月9日,中国科学院、国家语委、全国名词委联合召开发布会,向社会发布113号、115号、117号和118号元素中文名称分别为"鉨"(nǐ)、"镆"(mò)、"鿬"(tián)、"鿫"(ào)。

◎ 7月31日,国家工商总局印发《企业名称禁限用规则》《企业名称相同相近比对规则》(工商企注字〔2017〕133号),规定:"企业名称不得含有有损于国家、社会公共利益的内容和文字;不得含有可能对公众造成欺骗或误解的内容和文字;企业名称应当使用符合国家规范的汉字,不得使用外文、字母和阿拉伯数字。"

◎ 8月18日,教育部语用司召开外语中文译写规范部际联席会议专家委

附 录

员会议,审定发布《第五批推荐使用外语词中文译名表》,为12个国际组织的外语名称提供推荐使用的中文译名。

◎ 9月11日,教育部、国家语委等在北京中山音乐堂举行第20届全国推广普通话宣传周开幕式暨经典诵读展示活动。教育部副部长、国家语委主任杜占元,共青团中央书记处书记傅振邦,中央人民广播电台台长阎晓明,中国残联副理事长程凯等出席活动。

◎ 9月18日,教育部、国家语委等在云南省临沧市举行第20届全国推广普通话宣传周闭幕式。闭幕议程后举行推普成果展示活动;场外,当地群众自发开展推普宣传和签名倡议活动。全国推普周领导小组成员单位相关负责同志和临沧各界社会群众、中小学师生1,000多人参加闭幕式活动。

◎ 9月29日,国际标准化组织/国际电工委员会编码字符集委员会(ISO/IEC IEC JTC1/SC2)决定在国际标准 ISO/IEC 10646《信息技术 通用多八位编码字符集(USC)》中对"铱""砹""氪"3个新创元素汉字进行编码。

◎ 9月29日,交通运输部发布《关于发布〈城市公共汽电车运营安全管理规范〉等34项交通运输行业标准和部门计量检定规程的公告》(交通运输部公告第40号)。其中,《汽车客运站服务星级划分与评定》(JT/T 1158-2017)规定:"公共汽电车、综合客运枢纽等处的标识和指示用字应符合语言文字规范要求。"

◎ 12月20日,国家语委审委会召开会议,审议《国家通用盲文方案》《国家通用手语常用词表》《〈通用规范汉字表〉楷体字形规范》《中国英语能力等级量表》4项标准草案。教育部副部长、国家语委主任、审委会主任杜占元出席会议并讲话。

◎ 12月29日,民政部印发《关于加强地名标志设置和管理的指导意见》(民发〔2017〕192号),重申并强调地名标志中汉字书写、罗马字母拼写、少数民族地名书写等的规范要求。

二、保护与传承

◎ 1月17日,教育部语用司召开"中华通韵"制定工作研讨会,总结研讨前期工作成果,研究下一步工作安排。来自中华诗词学会、相关高校或单位的专家学者及教育部相关司局的同志出席会议。

◎ 2月15日,教育部语用司召开语言文字"立德树人"重大教育理论和实

践问题研讨会,围绕"立德树人"主题,研讨落实中共中央办公厅和国务院办公厅《关于实施中华优秀传统文化传承发展工程的意见》的具体措施。部分国家语委咨询委员、相关高校的领导和专家、部分省(区、市)语委办负责同志和中小学校长代表参加会议。

◎ 2月22日,教育部语信司召开中国语言资源保护工程专家咨询委员会成立会,聘任来自语言学、民族学、民俗学、计算机技术及新闻出版等领域的22位权威专家学者为咨询委员。

◎ 3月1日,《公共文化服务保障法》正式实施。该法第四十条规定:"国家加强民族语言文字文化产品的供给,加强优秀公共文化产品的民族语言文字译制及其在民族地区的传播,鼓励和扶助民族文化产品的创作生产,支持开展具有民族特色的群众性文化体育活动。"

◎ 3月17日,国家民委印发《国家民委"十三五"少数民族语言文字工作规划》(民委发〔2017〕36号),明确了"十三五"时期民族语文工作的指导思想、基本原则和发展目标,提出了7项主要任务和12个重点项目。

◎ 3月25—27日,教育部语信司在昆明召开少数民族语言文字规范化标准化信息化工作会议,总结交流各地民族语文规范化标准化信息化工作,部署今后一段时期的工作。11个省(区)民委、民语委负责人,全国术语标准化技术委员会少数民族分会委员等30多人参加会议。

◎ 3月31日,教育部语信司召开中国语言资源保护工程工作会议,总结2016年工作,部署2017年任务。会议强调,要秉持对历史负责的态度,注重质量,扎实推进语保工程建设,努力打造时代精品。各省(区、市)语委办负责人、中国语言资源保护工程核心专家组专家、中国语言资源保护研究中心人员等参加会议。

◎ 7月17日,南山会讲"语保世界观"暨联合国教科文组织——全球说"多语言冠军挑战赛"在北京语言大学举行启动仪式。来自联合国教科文组织、有关国家驻华使馆、教育部、中国联合国教科文组织全国委员会、"全球说"、北京语言大学及其他有关高校和机构的500余名官员、学者、企业家、媒体人和中外师生参加活动。

◎ 9月22日,教育部语信司在西安召开中国语言资源保护工程核心专家组工作会议,研究语保工程实施情况巡检和验收工作细则,探讨语保工程实施中的经验和问题。

◎ 10月30日,联合国教科文组织网站发布消息,我国申报的甲骨文项目顺利通过联合国教科文组织世界记忆工程国际咨询委员会的评审，成功入选《世界记忆名录》。

◎ 11月1日，国家质检总局、国家标准委发布《信息技术 基于数字键盘的锡伯文字母布局》(GB/T 34951-2017)、《信息技术 基于数字键盘的朝鲜文字母布局》（GB/T 34957-2017)、《信息技术 朝鲜文通用键盘字母数字区的布局》(GB/T 34958-2017)三项少数民族文字信息技术国家标准。标准于2008年5月1日起实施。

◎ 11月15日，"十二五"国家科技支撑计划"三方工程中国语言资源有声数据库技术规范与平台研发"项目通过由科技部社会发展科技司组织的专家验收。

◎ 12月4日，教育部语用司召开"中华通韵"制定工作专题研讨会，对通韵韵部划分、规范标准、归韵原则、韵表设置、韵书编纂及研制相关工作和时间节点等问题进行研究和部署。来自中华诗词学会、相关高校或单位的专家学者及教育部相关司局负责人出席会议。

◎ 12月15日，教育部、国家语委在商务印书馆召开《中国语言文化典藏》(20卷)新书发布会。来自教育部、国家语委、出版界和有关高校及《中国语言文化典藏》编委会的有关领导和专家学者40余人出席会议。

◎ 12月26日，教育部、国家语委、国家文物局、国家档案局、故宫博物院、中国联合国教科文组织全国委员会在故宫博物院举行"甲骨文成功入选《世界记忆名录》"发布会，并举行"甲骨收藏与绝学振兴"高峰论坛。杜占元等主办单位领导及联合国教科文组织驻华代表出席会议。有关文博机构、高校和科研院所的代表参加发布会和论坛。会上还发布了中国集邮总公司制作发行的"甲骨文成功入选《世界记忆名录》"纪念封。

◎ 12月29日，国家民委召开第二届民族语文工作专家咨询委员会第一次会议。国家民委副主任、国家民委民族语文工作专家咨询委员会主任委员陈改户出席会议并讲话。

三、交流与传播

◎ 3月30日，两岸语言文字交流与合作协调小组在北京语言大学召开年度工作会议，围绕台湾语言政策走向及对策措施、两岸语言合作机制建设等问题

进行研讨。

◎ 4月10—11日，社科院语言研究所、南开大学、澳门大学等在澳门联合召开第十届海峡两岸现代汉语问题学术研讨会，围绕"全球华语的差异与融合"的主题，就两岸辞书、词汇和名词术语研究，华语传承、传播与推广，信息化、机器翻译与网络语言生活等议题进行学术探讨。来自海峡两岸和香港、澳门的50余名专家学者参加会议。

◎ 7月24日—8月2日，教育部语用司和港澳台办在天津举办2017年港澳中小学教师普通话能力提升培训班，121位中小学教师参加培训。培训内容包括语言表达艺术、语音演变——粤方言与普通话语音的关系、普通话朗读教学、"新汉语教学"理念与汉语口语水平测试、汉语与中华文化等。

◎ 8月7—18日，民政部会同外交部等单位组成中国政府代表团，赴美国纽约参加第11届联合国地名标准化大会暨第30届联合国地名专家组会议。会上，我国代表团提交《中国分部报告》等1主4副共5份报告，并展示发放"地名文化扇"等宣传品，宣传我国地名标准化工作成就；同时，就我方关切的问题，与他国代表进行了沟通协调。

◎ 8月23日，外语教学与研究出版社和施普林格·自然集团就"中华思想文化术语研究丛书"（英文版）首批项目在北京国际图书博览会上举行签约仪式，将由施普林格·自然集团旗下国际学术出版社帕尔格雷夫·麦克米伦（Palgrave Macmillan）出版该套丛书。

◎ 8月23日，外语教学与研究出版社在北京国际图书博览会上召开《中华思想文化术语》多语种新书发布会。

◎ 9月11—13日，由国家语委、中国联合国教科文组织全国委员会支持，北京市语委、孔子学院总部等承办的首届中国北京国际语言文化博览会在中国国际展览中心举行。教育部副部长、国家语委主任杜占元，北京市副市长、北京市语委主任王宁以及19位"一带一路"节点国家大使、公参等出席开幕活动，并见证64个"一带一路"沿线国家的留学生代表共同发出《"一带一路"语言文化交流合作倡议》。

◎ 9月12日，由国家语委主办、北京外国语大学承办、北京市语委等协办的首届国际语言文化论坛在北京外国语大学举行。论坛以"语言科技与人类福祉"为主题，包括语言政策与语言教育、语言智能与产业发展、工具书与文化传承、语言康复与人类健康等议题。联合国教科文组织执行局局长迈克尔·沃博思,教育部副部长、国家语委主任杜占元,北京市副市长、北京市语委主任王宁出席论坛开幕式并讲话。保加利亚、冰岛、波兰、哈萨克斯坦、拉脱维亚、伊朗等国家驻华使馆代表以及来自19个国家的200余名专家学者出席论坛。

◎ 11月7日,《习近平谈治国理政》第二卷中、英文版由外文出版社出版。

◎ 11月24—26日,中央编译局、天津外国语大学中央文献翻译研究基地在四川外国语大学举办第三届"中央文献翻译与研究论坛",聚焦中国重要概念与对外话语体系建设,从政治文献的翻译理念、策略、流程管理和人才培养等方面,研讨我国政治话语的对外翻译与传播。来自国内30余所高校、科研院所的100多位学者参加论坛。

◎ 11月27日,16个国家的知名出版机构同中国外文局外文出版社在北京签署《习近平谈治国理政》第二卷国际合作翻译出版备忘录,共同翻译出版这些国家语种版本的《习近平谈治国理政》第二卷。这16个国家分别是意大利、波兰、乌克兰、阿尔巴尼亚、罗马尼亚、肯尼亚、塔吉克斯坦、越南、巴基斯坦、孟加拉国、柬埔寨、老挝、蒙古、尼泊尔、斯里兰卡和阿富汗。

◎ 12月1—2日,中国翻译协会在北京举行"一带一路"中的话语体系建设与语言服务发展论坛暨2017中国翻译协会年会。大会设"《习近平谈治国理政》第二卷翻译及政治文献国际传播"座谈会、"党的建设与翻译工作"座谈会以及"一带一路"与话语体系建设、"一带一路"倡议下的国际语言服务等30余场专题论坛,启动中国特色话语对外翻译标准化术语库、党政文献多语信息数据库以及中国翻译协会语言服务行业诚信信息发布平台,发布中国翻译协会团体标准《口笔译人员基本能力要求》和行业规范《翻译服务购买指南 第一部分:笔译》。

◎ 12月2—3日,两岸语言文字交流与合作协调小组在厦门大学召开第二届"两岸语言文字调查研究与语文生活"研讨会,围绕两岸语言文字政策研究、两岸语言资源的调查开发与保护、两岸辞书编纂、两岸语言教育政策研究等议题进行学术研讨。来自海峡两岸及香港、澳门的70余位专家学者参加会议。

◎ 12月12日,第十二届全球孔子学院大会在西安举行。大会以"深化合作,创新发展,为构建人类命运共同体贡献力量"为主题。时任国务院副总理、孔子学院总部理事会主席刘延东出席并致辞。刘延东说,习近平主席指出,孔子学院是中外语言文化交流的窗口和桥梁。孔子学院属于中国,也属于世界。孔子学院创办十三年特别是近五年来,在中外双方努力下,坚持共建共享,为增进中国与各国人民友谊,促进中外文明交流互鉴做出了积极贡献。刘延东强调,孔子

学院要以语言交流为纽带,以文明互鉴为平台,努力成为增进友谊的桥梁、合作共赢的推进器。要优化布局,提高办学水平,深化教师、教材和教学方法改革,加强本土师资力量培养,为各国多样化本土化需求提供服务。要完善体制机制,发挥中外双方力量,打造包容共享、和谐共生的人文交流品牌,为构建人类命运共同体做出新的贡献。来自140多个国家和地区的大学校长、孔子学院代表近2,500人出席大会。与会代表高度评价习近平主席人类命运共同体理念和"一带一路"倡议,表示将积极参与,加强合作,充分发挥孔子学院在中外人文交流、构建人类命运共同体中的作用。会前,刘延东还召开了孔子学院总部理事会,出席了全国孔子学院工作座谈会。

◎ 12月19日,第四届世界华文教育大会在北京举行。中共中央政治局委员、国务委员杨洁篪出席并致辞,高度评价海外侨胞对海外华文教育做出的重要贡献,殷切期望海外华文教育事业更加繁荣发展。大会由国务院侨办和中国海外交流协会主办,来自55个国家和地区的近600位华文教育界代表参加大会,有关部门和单位负责人出席开幕式。与会代表围绕"深化华文教育'三化建设',大力弘扬中华优秀文化"的主题进行研讨。会议指出,华文教育要在新时代展现新气象、新作为,要在标准化、正规化、专业化进程中全面转型升级,不断汇集起强大的内外合力。

◎ 12月,《中国语言生活状况报告》(日文版)第一卷在日本出版;《中国语言生活状况报告》(韩文版)第二卷在韩国出版。

四、服务与引导

◎ 1月11—14日,中国残联、教育部、国家语委召开《国家通用手语方案(试行)》和《国家通用盲文方案(试行)》2016年试点工作总结会,25个省(区、市)的54家试点单位总结交流试点工作。中国残联副理事长程凯和教育部语用司、基础教育二司相关负责人出席会议,对2017年试点工作进行动员和部署。

◎ 1月18日,中国残联举办"黄乃先生与中国盲人文化教育座谈会"。中国残联副主席、中国盲人协会名誉主席李志军,中国残联副主席、党组成员吕世明出席座谈会并讲话。教育部、民政部、国家语委、中国盲人协会、中国盲文出版社等部门和单位相关负责人,黄乃先生亲属、生前同事、故友以及盲人代表近60人出席会议。

附　录

◎ 5月19日,北京冬奥组委、教育部、国家语委在京举行《北京冬奥会语言服务行动计划》启动仪式。教育部副部长、国家语委主任杜占元,北京市副市长、北京冬奥组委执行副主席张建东出席仪式并讲话。北京市语委、河北省语委、有关外语院校、企业代表等出席启动仪式。

◎ 5月31日,中国残联印发《中国残联手语和盲文项目管理办法(试行)》。

◎ 6月20日,国家标准委、教育部、国家语委召开新闻发布会,发布《公共服务领域英文译写规范》系列国家标准。国家质检总局党组成员、国家标准委主任田世宏,教育部副部长、国家语委主任杜占元出席会议并讲话。

◎ 7月18日,教育部、国家语委召开新闻发布会,介绍2016年国家语言文字事业发展状况,发布语言生活皮书系列。

◎ 7月27—31日,中国聋人协会在沈阳召开第二期手语信息采集工作会议,就做好手语信息采集工作进行培训,部署新一轮采集工作任务。全国12个手语信息采集点的信息员,12个省(市)的聋人协会负责人和手语委员会委员参加会议。

◎ 9月14—15日,中国听力语言康复研究中心与中国残疾人康复协会听力语言康复专业委员会举办主题为"'一带一路',融合共享,提升听力语言服务质量"的2017中国听力语言论坛(第五届中国听力论坛)。来自国内外医学、听力学、语言学、教育学等领域的知名专家和全国听力语言康复专业人员400余人参加学习交流。

◎ 9月15日,规范标准中心、政策研究中心、公共服务领域外文译写规范研制秘书处在北京语言大学联合召开《公共服务领域英文译写规范》发布座谈会,邀请规范研制课题组专家、公示语英文翻译专家等介绍规范的研制理念与过程,探讨公示语英译的理论和实践问题,研讨规范的贯彻实施工作。

◎ 9月22—24日,中国翻译协会、全国翻译专业学位研究生教育指导委员会、南京农业大学在南京举办第四届全国公示语翻译研讨会暨《公共服务领域英文译写规范》国家标准推广高端论坛,以"语言服务、标准规范、外语政策"为主题,围绕规范公示语翻译、宣传推广《公共服务领域英文译写规范》等话题进行学术研讨。

◎ 12月1日,《公共服务领域英文译写规范》国家标准正式实施。教育部语信司、中国翻译协会、中国翻译研究院联合举办"公示语外译规范与话语体系建设"学术论坛,推动标准的宣传推广与实施。规范研制课题组专家、译协负责

人和部分高校、智库、语言服务企业及相关研究机构代表约 80 人参加论坛。

◎ 12 月 4 日,国家手语和盲文研究中心专家委员会研究决定,"国家通用手语方案"以《国家通用手语常用词表》形式呈现,定名为《国家通用盲文方案》。

◎ 12 月 29 日,国家质检总局、国家标准委发布《公共服务领域俄文译写规范》(GB/T 35302-2017)和《公共服务领域日文译写规范》(GB/T 35303-2017)两项公共服务领域外文译写规范国家标准。标准于 2018 年 7 月 1 日起实施。

◎ 12 月,由国家语言资源监测与研究中心和商务印书馆联合发起,先后有 10 余家主流媒体、高校、研究机构参与支持协办的"汉语盘点"活动结果揭晓。8 日揭晓"2017 年度中国媒体十大流行语",13 日揭晓"2017 年度中国媒体十大新词语",18 日揭晓"2017 年度十大网络用语",21 日揭晓"2017 年度字词"。

五、治理与保障

◎ 1 月 17 日,教育部、国家语委印发《关于进一步加强学校语言文字工作的意见》(教语用〔2017〕1 号),对新时期学校语言文字工作提出明确要求,做出全面部署,要求各级各类学校开展语言文字工作达标建设。

◎ 2 月 28 日,教育部语信司、国家民委教育科技司和中央民族大学签约,续建国家语委科研机构"国家语言资源监测与研究少数民族语言中心",中心二期建设全面启动。

◎ 4 月 25—26 日,教育部语信司在辞书研究中心(鲁东大学)召开 2017 年度国家语委科研机构工作会议,总结部署年度工作,并就对接"十三五"发展目标和工作任务,更好发挥国家语委科研机构对国家语言文字事业的支撑保障作用进行研讨。国家语委各科研机构负责人和联络员出席会议。

◎ 4 月,国家教育督导委员会办公室、国家语委办公室在四川大学联合举办 2 期语言文字工作督导培训班。来自全国省级、地市级教育督导部门、语言文字工作部门的 200 名干部参加培训。培训内容包括我国教育督导政策及现状、依法推行普及国家通用语言文字、国家语言文字政策法规、语言文字工作督导评估标准与操作办法等。

◎ 4—5 月,国家语委普通话与文字应用培训测试中心先后在湖南和上海举办 2 期汉字应用水平测试培训班。培训对象主要是汉字应用水平测试机构负责人,来自全国 29 个省(区、市),共 120 人次;培训内容包括 2016 年发布的新版

《汉字应用水平等级及测试大纲》的内容,以及与汉字应用水平测试相关的汉字知识及汉字形音义问题。

◎ 4月5—15日,中国残联、国家语委、国家新闻出版广电总局联合举办第2期电视台手语翻译培训班,对来自全国的40多名手语主持人进行国家通用手语、新闻播音、语言沟通技巧等方面的培训。

◎ 4月10—14日,国家民委和教育部、国家语委联合举办第3期全国民族语文应用研究中青年学者研修班,来自12个省(区、市)和建设兵团,以及北京大学、中国人民大学、北京语言大学、中央民族大学、中国民族语文翻译局等9家相关单位的72名学员参加为期5天的研修。

◎ 5月7—13日,教育部语用司在中山大学珠海校区举办地方语委干部语言文字工作能力提升培训班,全国100名地方语委干部参加培训。培训内容包括语言文字工作的历史沿革、依法处理普通话和方言的关系、"一带一路"语言能力建设、国外语言冲突案例及警示、新媒体环境下语言舆情的管理与服务、经典诵读与中华优秀文化传承等。

◎ 6月4—10日,教育部语用司在徐州举办语言文字工作幼儿园骨干园长培训班,来自全国各省(区、市)和建设兵团的100位幼儿园园长参加培训。培训内容包括学前教育发展政策、以中华优秀传统文化涵养师德、幼儿的阅读能力培养、儿童语言发展、幼儿园绘本阅读教学等。

◎ 6月6—8日,中国残联举办全国听力语言康复服务机构管理人员培训班。全国部分省级残联副理事长、各省(区、市)残联康复部有关负责同志、各省(区、市)及计划单列市听力语言康复服务机构负责人共110人参加培训。

◎ 6月11—17日,教育部语用司在东北大学秦皇岛分校北戴河培训中心举办2017年语言文字工作中小学骨干校长培训班,来自全国各省(区、市)的96位中小学校长或相关负责人参加培训。培训内容包括语言文字工作的历史沿革、依法处理好普通话及方言的关系、经典诵读与中华优秀文化传承、中国语言国情与语言政策、透过诗词看学校语言文字工作、汉字的修身观等。

◎ 7月19日,教育部语信司与北京语言大学签约,续建国家语委科研机构"中国语言文字规范标准研究中心",中心二期建设全面启动。

◎ 9月25—27日,国务院教育督导委员会办公室和国家语委办公室组织国家督导评估组,对新疆维吾尔自治区哈密市的伊州区和巴里坤县的语言文字工作开展督导评估,认定伊州区和巴里坤县通过国家督导评估。

◎ 10月16—22日，教育部语用司在国家语言文字推广基地暨京津冀书法教育基地举办2017年全国中小学书法教师研修班。来自全国各省（区、市）和建设兵团的96名中小学书法教师参加研修培训。研修培训内容包括语言文字发展演变规律、书法教育现状、书法教学实践等。

◎ 10月26日，教育部语信司与新疆大学在北京签约，共建"新疆多语种信息技术研究中心"。中心是第19家国家语委科研机构。

◎ 10月27—29日，教育部语信司在厦门大学召开首届语言文字应用研究优秀中青年学者论坛暨第三届语言文字应用研究中青年学者协同创新联盟学术研讨会，围绕"一带一路"战略与语言政策研究等6个议题进行学术研讨，并研究联盟的会标、运行机制及近期发展目标等事项。

◎ 11月14—17日，国务院教育督导委员会办公室和国家语委办公室组织国家督导评估组，对江西抚州市临川区和金溪县的语言文字工作开展督导评估，认定临川区和金溪县通过国家督导评估。

◎ 11月21—24日，国务院教育督导委员会办公室和国家语委办公室组织国家督导评估组，对湖北省宜昌市西陵区和夷陵区的语言文字工作开展督导评估，认定西陵区和夷陵区通过国家督导评估。

◎ 12月5—8日，国务院教育督导委员会办公室和国家语委办公室组织国家督导评估组，对福建省三明市三元区、尤溪县的语言文字工作开展督导评估，认定三元区和尤溪县通过国家督导评估。

◎ 12月21日（当地时间），由教育部语信司主办的2017年"语言文字优秀中青年学者出国研修项目"在英国谢菲尔德大学孔子学院举行结业仪式。来自国内高校、科研院所从事语言文字相关研究的30位中青年学者顺利完成为期三个月的研修活动。谢菲尔德大学副校长、国际合作负责人白特勒（Malcolm Butler）博士和谢菲尔德大学全球机遇与交流主管、国际合作执行主任多蒂·史蒂文生（Dörte Stevenson）出席结业仪式。

《中国语言生活状况报告(2018)》目录

第一部分　特稿篇

　　深入学习贯彻党的十九大精神　推动新时代语言文字事业创新发展
　　把握新时代语言文字事业的历史担当
　　建设社会主义现代化需要更好的语言服务

第二部分　工作篇

　　中共中央、国务院及相关部委公文中有关语言文字的内容
　　国家通用语言文字工作
　　少数民族语言文字工作

第三部分　领域篇

　　脱贫攻坚需要语言文字助力
　　全民阅读步入新时代
　　我国中小学统一使用"部编本"语文教材
　　首届中国北京国际语言文化博览会
　　甲骨文入选"世界记忆名录"
　　语言智能那些事儿
　　司法判例中的语言证据
　　省级政府门户网站多语服务调查
　　网评低俗词语使用调查
　　旅游景区的语言景观状况
　　济南市商户叫卖语言使用调查
　　佤族"原始部落"翁丁的语言生活
　　独龙江乡中小学生母语现状调查
　　新疆柯尔克孜族语言使用调查
　　语言生活皮书系列
　　《中国语言文化典藏》出版

第四部分　热点篇

　　"新四大发明"开启语言新生活
　　实名认证中的一"点儿"烦恼
　　"王者荣耀"上户口　"北雁云依"成判例
　　"黑科技"的"黑"与"红"
　　中成药命名新规征求意见稿引热议

第五部分　字词语篇

2017，年度字词记录时代印迹
2017，新词语里的社会热点
2017，流行语里的中国与世界
2017，网络用语中的草根百态
不可忘记的"初心"

第六部分　港澳台篇

香港《施政报告》中的少数族裔语文政策
香港报章中的中英语码转换现象
台湾语文生活状况（2017）
台湾语言生活：来自埔里的观察
台湾高中语文课纲"文言文"比例再起纷争

第七部分　参考篇

蒙古国文字政策的历史与现状
哈萨克斯坦国语字母拉丁化进程
挪威高等教育学术语言"英语化"趋势
国际语言规划与政策类期刊2017年焦点扫描

附录

2017年语言生活大事记

图表目录

术语索引

光盘目录

国际标准ISO 7098:2015《信息与文献工作——中文罗马字母拼写法》及其国际意义
2017年度媒体用字总表
2017年度媒体高频词语表
2017年度媒体成语表
2017年度媒体新词语表

后记

《中国语言政策研究报告(2017)》目录

前言：2016年中国语言政策研究热点

第一章 语言政策理论和国家语言战略

 第一节 语言政策理论
 第二节 国家语言战略
 第三节 "一带一路"语言问题研究

第二章 国家通用语普及

 第一节 推广普通话
 第二节 推行规范汉字
 第三节 推行《汉语拼音方案》
 第四节 港澳台地区语言政策和语言生活

第三章 语言规范

 第一节 语言规范理论与方略
 第二节 普通话语音规范
 第三节 汉字规范
 第四节 汉语词汇规范
 第五节 网络语言治理
 第六节 少数民族语言文字规范
 第七节 外文译写规范
 第八节 海峡两岸和香港、澳门汉语汉字规范

第四章 语言保护

 第一节 语言保护理论与方略
 第二节 语言保护政策框架
 第三节 中国语言资源保护工程
 第四节 语言保护个案研究

第五章 语言教育

 第一节 语言教育规划与国民语言能力
 第二节 国家通用语教育（语文教育）
 第三节 少数民族双语/三语教育
 第四节 外语教育

第六章　语言传播

　　第一节　汉语国际传播理论与方略
　　第二节　孔子学院研究
　　第三节　汉语国际教育
　　第四节　海外华文教育
　　第五节　海外华语研究与华语生活

第七章　语言服务

　　第一节　语言服务理论
　　第二节　语言服务产业
　　第三节　特殊语言服务
　　第四节　语言技术服务
　　第五节　社会语言服务

第八章　世界语言政策参考

　　第一节　亚洲国家
　　第二节　欧洲美洲大洋洲国家
　　第三节　非洲国家
　　第四节　其他

参考文献

摘编文献索引

《世界语言生活状况报告(2018)》目录

世界语言生活纵览(2013—2014)

第一部分　生活篇

  韩国多举措规范外文译写
  马其顿的语言问题及政府对策
  加泰罗尼亚公投中的语言问题
  克里米亚"脱乌入俄"前后的语言状况
  英国的外语危机
  爱尔兰国语的地位与困境
  多国外语教学提前及其挑战
  世界语言文字博物馆

第二部分　政策篇

  阿联酋:"语言危机"后的阿拉伯语规划
  日本的"日裔定居外国人语言政策"
  蒙古国颁布《蒙古语言法》
  《斯里兰卡国家三语制度十年规划》发布
  南非颁布《学后教育培训白皮书》
  布隆迪重新确立官方语言
  摩洛哥的阿马齐格语:从土著语言到官方语言
  法国新《法语使用法》颁布20周年
  法国《高等教育与研究法》中的语言条款
  德国的移民语言政策
  拉脱维亚的国语政策
  墨西哥《国家印第安语中心2014—2018年规划》
  澳大利亚白皮书:亚洲语言教育新政策
  欧盟"伊拉斯谟+计划"和多语教育未来

第三部分　动态篇

  朝鲜韩国合编《民族语大辞典》
  印地语新纠纷
  芬兰语言格局悄然改变
  苏格兰盖尔语的保护与发展
  俄罗斯移民语言管理动向
  委内瑞拉保护印第安语新举措
  联合国教科文组织维护语言多样性

第四部分　语词篇

　　日本年度热词与年度汉字(2013—2014)
　　俄罗斯年度词语(2013—2014)
　　德国年度词(2013—2014)
　　法国年度术语及新词(2013—2014)
　　西班牙年度热词(2013—2014)
　　英语年度热词(2013—2014)

第五部分　年报篇

　　韩国世宗学堂财团年度报告(2013—2014)
　　日本国际交流基金会年度报告(2013—2014)
　　俄罗斯世界基金会年度报告(2013—2014)
　　英国文化教育协会年度报告(2013—2014)
　　法国法语联盟年度报告(2013—2014)
　　德国歌德学院年度报告(2013—2014)
　　西班牙塞万提斯学院年度报告(2013—2014)

第六部分　附录

　　中国媒体有关世界语言生活文章选目(2013—2014)
　　国外语言生活论著选目(2013—2014)
　　国外语言生活大事记(2013—2014)

后记

图书在版编目(CIP)数据

中国语言文字事业发展报告.2018/国家语言文字工作委员会组编.—北京:商务印书馆,2018
ISBN 978-7-100-16141-1

Ⅰ.①中… Ⅱ.①国… Ⅲ.①汉语—语言调查—调查报告—中国—2018 Ⅳ.①H1

中国版本图书馆 CIP 数据核字(2018)第 095951 号

权利保留,侵权必究。

中国语言文字事业发展报告(2018)
国家语言文字工作委员会 组编

商 务 印 书 馆 出 版
(北京王府井大街 36 号 邮政编码 100710)
商 务 印 书 馆 发 行
北京市艺辉印刷有限公司印刷
ISBN 978-7-100-16141-1

2018 年 5 月第 1 版　　开本 787×1092　1/16
2018 年 5 月北京第 1 次印刷　印张 12¾
定价:55.00 元